LES PERSONNAGES REMARQUABLES

DU

DÉPARTEMENT DU NORD

Par Ad. ROTON

Inspecteur primaire, officier de l'Instruction publique.

I. — MARINS

JEAN BART. — Parmi les nombreuses personnalités dont le département du Nord est fier à juste titre, il en est peu dont le nom soit resté aussi populaire que celui de Jean Bart. Ce célèbre marin, né à Dunkerque le 21 octobre 1650, était fils, non d'un pêcheur, comme certains auteurs l'ont soutenu, mais d'un fameux corsaire du nom de *Cornil Bart*. Embarqué à 12 ans, il fit une première campagne, dans la Manche, sur le corsaire le *Cochon-Gras*, puis passa temporairement, à partir de 1666, au service des Hollandais, sur une flotte que commandait Ruyter. Quand il revint à Dunkerque, la guerre de Hollande allait commencer. Aussi Jean Bart ne tarda-t-il pas à reprendre la mer sur un corsaire et à se signaler par l'extrême audace de ses courses; les Hollandais apprirent à le connaître à leurs dépens. Entré dans la marine royale après la paix de Nimègue, comme lieutenant de vaisseau, il fit partie, dans la Méditerranée, de l'escadre qui marchait contre les pirates d'Alger et y conquit le grade de capitaine de frégate.

La guerre une fois rallumée, en 1688, Jean Bart ne

quitte plus la mer. Il débute par escorter, de concert avec Forbin, un convoi de Brest à Calais au travers des forces maritimes anglaises. C'est dans un des nombreux combats qu'il lui fallut alors livrer, que son jeune fils François, encore enfant, s'étonnant du bruit et du danger, il le fit attacher au grand mât et l'y laissa pendant le plus fort du combat. Disons en passant que la terrible leçon ne fut pas perdue pour le jeune François, qui parvint plus tard au grade de lieutenant-général. Peu après, en 1690, Jean Bart et Forbin, convoyant avec deux frégates une flotte marchande, sont rencontrés par deux gros vaisseaux anglais. Plutôt que de chercher leur salut dans la fuite, les marins français forment un plan des plus simples. Les plus forts de leurs navires marchands, pourvus d'armes, attaqueront l'un des deux ennemis, se feront prendre au besoin, tandis que les frégates enlèveront l'autre à l'abordage ; pendant ce temps, le reste du convoi s'échappera. Déjà le succès semblait vouloir favoriser nos héros quand leurs auxiliaires improvisés prennent la fuite. Bart et Forbin luttèrent néanmoins en désespérés, mais, criblés de blessures, jetés mourants sur le pont de leurs navires désemparés, ils tombèrent aux mains des Anglais. Du moins ils n'avaient pas amené leur pavillon ; aussi n'eurent-ils bientôt plus qu'une pensée : s'enfuir au plus tôt. Au bout de 12 jours, leurs blessures encore saignantes, ils exécutaient leur projet avec une audace vraiment incroyable, traversaient toute la rade de Plymouth et se lançaient à travers la Manche dans une barque de pêcheur. Après une navigation extrêmement périlleuse de quarante-huit heures, pendant lesquelles Jean Bart, le plus vigoureux et le moins maltraité des deux, ne cessa de tenir les rames, ils abordèrent près de Saint-Malo, exténués de fatigue. Le grade de capitaine de vaisseau fut la récompense de leur héroïsme.

C'est alors qu'il fut donné à Jean Bart de réaliser une idée qu'il avait eue depuis longtemps, de rassembler les corsaires de sa ville natale et des ports voisins en escadres de frégates légères, excellentes marcheuses, pouvant, suivant les cas, par des évolutions rapides, se diviser, se disperser pour courir sus aux navires de commerce, ou se réunir pour combattre en ligne. C'est par une pareille tactique qu'il força, dans la campagne de 1696, avec 7 petites frégates, l'Angleterre et la Hollande d'entretenir pendant 5 mois 52 vaisseaux en trois escadres pour protéger leurs pêcheurs. Mais n'anticipons pas.

Après la campagne de 1691, qu'il fait sur l'*Alcyon*, dans la flotte de Tourville, on voit Jean Bart sortir plusieurs fois chaque année de Dunkerque à la tête de flottes légères, rapides comme le vent, au travers des lignes de blocus dont les Anglais ne cesseront plus, en haine de lui, d'entourer le port de sa ville natale. En 1692, il enlève 4 navires de guerre, 8 marchands, et, portant la terreur sur toutes les côtes anglaises, va faire dans une descente à Newcastle pour un million et demi de prises. C'est après une seconde expédition, tout aussi fructueuse, que Jean Bart fait avec Forbin son premier voyage à Versailles. En 1693, notre héros prend part, sur le *Glorieux*, à la grande victoire navale de *Lagos*: il y enlève pour son compte aux Anglais 6 navires de 24 à 50 canons. L'année suivante, il reçoit l'ordre d'aller au-devant d'un convoi de 100 navires chargés de blé, qui doit préserver la France de la famine. Mais, quand Jean Bart atteint le convoi, une escadre de huit vaisseaux de guerre anglais et hollandais s'en est rendue maîtresse. Le héros n'hésite pas, il engage aussitôt le combat, et pour éviter un duel d'artillerie trop inégal de ses huit frégates contre autant de navires de haut bord : « Camarades, s'écrie-t-il après une première décharge, plus de canons, des coups de sabre ! » Il donne aussitôt le signal de l'abordage et s'élance le premier sur le vaisseau amiral ennemi qu'il enlève après une lutte courte, mais terrible. Deux autres navires restent dans ses mains avec le convoi si glorieusement reconquis, dont l'arrivée dans nos ports fit tomber le prix du blé de 30 livres à 3 livres le boisseau. Louis XIV récompensa Jean Bart en lui adressant en octobre 1694 des lettres d'anoblissement et en lui donnant le droit de porter une fleur de lis dans ses armes. En 1695, Jean Bart enlève un convoi de 40 navires marchands; menacé de se le voir reprendre par 13 vaisseaux, il le fait brûler sous leurs yeux et reste fièrement en panne jusqu'à ce que le feu ait achevé son œuvre ; il se retire ensuite à petites voiles. Il rentre à Dunkerque en forçant une ligne de blocus de 33 navires.

Nous avons raconté tout le mal qu'il fit aux Anglais et aux Hollandais en 1696 par le déploiement de forces auquel il les contraignit pour la protection de leurs pêches. Le 6 septembre de la même année, il partait pour Dantzig où il conduisait le prince de Conti, nommé roi de Pologne. En route, un adversaire supérieur en forces fait mine de l'attaquer, puis passe outre. « Attaqués, dit le prince à Jean Bart, nous étions pris ! — Jamais ! nous aurions sauté, répondit le héros. » Le voyage fut infructueux, puisque le prince dut revenir, mais au retour Jean Bart s'empara de 5 navires ennemis, qu'il laissa au roi de Danemark.

Quand, en récompense de tant d'exploits, Jean Bart reçut le titre de chef d'escadre, Louis XIV voulut lui annoncer lui-même sa nomination ; le valeureux marin lui répondit : « Sire, vous avez bien fait. » Les courtisans rirent, mais non les ennemis.

La paix de Ryswick apporta à Jean Bart un repos qui ne devait pas être de longue durée, car trois ans plus tard la guerre recommençait ; malheureusement une maladie aiguë emporta le héros le 27 avril 1702, au moment même où il allait s'embarquer. Malgré les innombrables prises qu'il avait faites dans ses courses, ce grand homme ne laissa qu'une fortune médiocre. Des six enfants qui lui survécurent, trois parvinrent aux plus hauts grades de la marine ou de l'armée.

Jean Bart a fait l'objet d'un certain nombre d'histoires ridicules lui prêtant les manières d'un rustre et d'un matelot brutal ; l'imagination des narrateurs s'est donné carrière surtout à propos de la visite qu'il fit à la cour en compagnie de Forbin. Le bon sens public a fait justice de ces contes fantaisistes, qui datent de 50 ans après la mort de Jean Bart. Forbin, qui en somme le jalousait et affecte dans ses mémoires un dédain de grand seigneur pour les manières simples de son émule, n'en parle pas. On a même été jusqu'à prétendre que Jean Bart ne savait pas lire. Comment concilier cette ignorance avec le savoir technique indispensable à un marin de grade subalterne, et encore plus à un officier général ? Comment la concilier en particulier avec les connaissances que Jean Bart possédait comme pas un autre sur l'art nautique, la direction des courants, celle des vents, surtout avec les inspirations de génie qui lui ont permis de créer une tactique à lui, tactique dont son histoire pendant la guerre de la ligue d'Augsbourg montre les prodigieux résultats? Comment enfin, avec si peu de culture, aurait-il pu exercer l'ascendant le plus incontesté sur un corps d'officiers recruté parmi la plus brillante noblesse de France?

L'extérieur un peu rude du grand marin a pu provoquer la gaieté des courtisans et leur faire dire : « Allons voir Forbin qui mène l'ours ; » il y a loin de là à l'attitude grossière que des conteurs peu sérieux lui ont prêtée dans son entrevue avec le roi, et qui n'eût certainement pas trouvé grâce devant Louis XIV.

II. — MILITAIRES

DUPLEIX. — Dupleix (Jean-François, marquis), le héros des Indes françaises, est né à Landrecies le 1er janvier 1697. C'est à une circonstance assez singulière qu'il dut sa gloire. Son père, fermier général, le fit embarquer à la suite d'étourderies de jeunesse. C'est ainsi que Dupleix fit, sur des navires de Saint-Malo, plusieurs voyages en Amérique et aux Indes. Les talents dont il fit preuve attirèrent sur lui l'attention de la Compagnie des Indes, qui, dès 1720, l'envoya à Pondichéry en qualité de commissaire des guerres et de membre du conseil supérieur. Il s'occupa de commerce pour son propre compte et ne tarda pas à amasser une fortune considérable. Établi en 1731 à Chandernagor, qui n'était alors qu'une bourgade, Dupleix fit en 10 ans de ce comptoir une ville florissante et un port où arrivaient chaque jour 15 à 18 vaisseaux pour faire du négoce. Lui-même en possédait 72.

Dupleix trouva dans Jeanne de Castro, qu'il épousa en 1741, une aide puissante, grâce à la connaissance approfondie qu'elle avait des langues et des mœurs des Indes. C'est l'année suivante que, revenu à Pondichéry comme gouverneur général, il commença la réalisation de ses grands desseins, dont l'exécution complète eût donné les Indes à la France. Fortifier les comptoirs des côtes par la possession de territoires étendus, faire de la Compagnie des Indes une puissance territoriale, et par là lui procurer des alliances, telles furent les pensées de génie dont les Anglais devaient si bien faire leurs profits à nos dépens. Mais le mercantilisme de la Compagnie était incapable d'embrasser des vues aussi hautes ; ce qu'elle voulait, c'étaient des dividendes, et Dupleix lui demandait de larges avances de capitaux ; aussi fut-il abandonné à ses seules ressources. Délaissé également par le gouvernement du roi, qui ne voulut lui accorder aucun crédit, il n'en commença pas moins la conquête des Indes avec un succès dont les Anglais s'inquiétèrent vers 1746. Il faut dire aussi qu'à ce même moment un autre homme de génie, *La Bourdonnais*, gouverneur de l'Ile-de-France, à la tête d'une flotte de navires marchands qu'il avait transformés en vaisseaux de guerre, leur causait d'autres sujets d'alarmes. Après avoir ruiné la plupart des établissements anglais sur les côtes des Indes, ce hardi marin eut l'audace d'attaquer *Madras*, la capitale même des Anglais, et le bonheur de la prendre. Si Dupleix et la Bourdonnais avaient pu s'entendre, les Anglais étaient chassés de l'Océan Indien. Mais Dupleix désavoua la capitulation accordée par la Bourdonnais aux Anglais après la prise de Madras, et se fit à Paris l'accusateur acharné de ce héros, qui termina sa vie en prison. Cette conduite est une tache à la gloire de Dupleix. Toutefois, attaqué en 1748 dans *Pondichéry* par les Anglais, il racheta sa mauvaise action par la belle défense qu'il y fit pendant 42 jours et par l'échec retentissant qu'il infligea à ses ennemis en les obligeant de lever le siège.

La paix d'Aix-la-Chapelle, signée cette même année, n'arrêta pas les progrès de Dupleix ; autant par la puissance de ses armes que par l'habileté de ses négociations, il réunit pendant quelque temps un empire de trente millions d'habitants. Mais, obligé de faire la guerre aux sultans de Tandjaours et du Mysore, détachés de son influence par les Anglais et soutenus par les Mahrattes, Dupleix essuya des revers qui le ruinèrent, puis soulevèrent contre lui les rancunes longtemps contenues de la Compagnie des Indes. Abandonné par l'indigne gouvernement de Louis XV, accusé par la Compagnie, qui accorda son rappel aux réclamations haineuses des Anglais, Dupleix quitta en pleurant ce pays où son génie nous avait conquis un empire (1754). Il revint à Paris pour essayer d'obtenir le remboursement de sa propre fortune, 13 millions, dépensée au service de la Compagnie. Il plaida vainement jusqu'à la fin de sa vie pour y réussir, et eut la douleur de perdre sa femme en 1754, puis de voir les Anglais nous chasser des Indes en suivant ses propres plans et par ses moyens.

Ce grand homme, qui avait régné sur des territoires immenses, mourut de chagrin à Paris, le 10 novembre 1764, dans la misère. Sa ville natale lui a élevé une statue en 1888.

DUMOURIEZ (Charles-François Duperrier) est né à Cambrai le 25 janvier 1739. Après avoir fait ses études au collège Louis-le-Grand, il fit, comme cornette de cavalerie dans le régiment d'Escars, une campagne dans le Hanovre pendant la guerre de Sept Ans. Criblé de blessures à *Klostercamp*, il fut réformé à la paix de Paris, avec la croix de Saint-Louis et 600 francs de pension. Tombé ainsi dans la gêne à 24 ans, il chercha sa voie dans des intrigues parlementaires où Choiseul l'employa, puis servit dans l'expédition qui assura en 1768 la réunion de la Corse à la France, et s'y fit remarquer par sa bravoure. Il passa ensuite en Pologne pour essayer de s'opposer au démembrement de ce malheureux pays ; il se distingua dans plusieurs combats contre les Russes. A son retour en France, le nouveau ministre, d'Aiguillon, le fit arrêter en haine de Choiseul et le retint captif jusqu'en 1774. Après avoir occupé le commandement de Lille, Dumouriez passa à Cherbourg, où il reçut en 1786 le roi Louis XVI, lors de l'inauguration des travaux gigantesques qui devaient fermer la rade ; deux ans après il fut nommé maréchal de camp.

La Révolution parut à Dumouriez une occasion d'assurer sa fortune ; aussi s'empressa-t-il d'adopter les idées nouvelles. Il se lia de bonne heure avec Gensonné et d'autres chefs de la Gironde, qui favorisèrent son entrée au ministère le 15 mars 1792 ; il reçut le portefeuille des affaires étrangères. Le 19, il parut au club des Jacobins coiffé du bonnet rouge. Lorsque Louis XVI refusa de sanctionner les votes de l'Assemblée législative, réclamant l'établissement d'un camp sous Paris et l'exécution des décrets contre les prêtres non assermentés, Dumouriez se sépara un instant de ses collègues; deux jours plus tard il dut quitter le ministère à son tour. Il fut quelque temps lieutenant de Lukner dans le Nord; le Gouvernement du 10 août lui confia le commandement de l'armée du Nord et de l'Est. C'est ici la page glorieuse de la vie de Dumouriez. Il arrêta à *Valmy*, le 20 septembre 1792, l'invasion des Prussiens et vengea le 6 novembre, à *Jemmappes*, sur les Autrichiens, l'odieux bombardement de Lille. Mais, revenu à la tête de son armée après un voyage à Paris au moment du procès de Louis XVI, il essuya un échec à *Maestricht* et fut battu le 18 mars 1793 à *Neerwinden* par le prince de Cobourg. S'étant déclaré contre la Convention, il livra aux Autrichiens les cinq commissaires chargés de lui retirer son commandement et songea à marcher sur Paris: ses soldats refusèrent de le suivre et lui-même dut fuir dans le camp autrichien.

« Depuis ce jour, Dumouriez, maudit dans son pays, toléré chez l'étranger, erra de royaume en royaume, sans retrouver une patrie. Objet d'une dédaigneuse curiosité, presque indigent, sans compatriotes et sans famille, pensionné par l'Angleterre, il faisait pitié à tous les partis. Comme pour le punir davantage, le ciel, qui lui destinait une longue vie, lui avait laissé tout son génie pour le tourmenter dans l'inaction. Il ne cessa d'écrire des mémoires et des plans militaires pour toutes les guerres que l'Europe fit à la France pendant trente ans; il offrit son épée, toujours refusée, à toutes les causes. Assis, vieux et importun, au foyer de l'Allemagne et de l'Angleterre, il n'osa pas rompre son exil, même quand la France se rouvrit aux proscrits de tous les partis; il craignit que le sol même lui reprochât sa trahison. Il mourut à Londres (en 1823). Sa patrie laissa ses cendres dans l'exil, et n'éleva même pas sa tombe vide sur le champ de bataille où il avait sauvé son pays. » (Lamartine: Les Girondins, liv. 37, xxiii).

EUSTACHE D'AOUST, fils de Jean-Marie, naquit à Douai en 1763. Militaire comme son père, il fut successivement aide de camp de Rochambeau en 1790, général de brigade, général de division en 1793, et appelé à un commandement sur la frontière d'Espagne. D'Aoust enleva d'abord le camp retranché de *Peyres-Torres* le 17 septembre 1793, mais il seconda mal le général en chef Dagobert à l'attaque du camp de Trouilles (22 septembre), qui échoua. Dagobert, mécontent, ayant quitté le commandement, d'Aoust le remplaça par intérim en attendant l'arrivée du général Turreau. Mais les Français, après quelques succès, furent ensuite repoussés *au Boulou*, *à Céret*, et mis en déroute dans une autre affaire où le représentant Fabre fut tué. D'Aoust porta la peine de ces revers ; accusé de trahison quand on n'avait sans doute à lui reprocher que de l'incapacité, il porta sa tête sur l'échafaud le 2 juillet 1794.

Thiers, dans son histoire de la Révolution, le confond avec Davoust en faisant le récit des campagnes de 1793 aux Pyrénées.

DESPINOY (Hyacinthe-François-Joseph, comte), né à Valenciennes en 1764, d'une famille de magistrats et de militaires, entra lui-même dans l'armée en qualité de cadet-gentilhomme dès l'âge de 16 ans. Envoyé en Corse, il y connut alors Bonaparte et sa famille, et se lia avec lui. A la Révolution, dont il embrassa les idées avec ardeur, il fut fait général de brigade (1793), servit à l'armée du Var, puis aux Pyrénées-Orientales où il se distingua particulièrement. A l'armée d'Italie, où il passa ensuite, il poussa vigoureusement le siège du château de Milan, dont il se rendit maître. Nommé général de division, il fut chargé par Bonaparte du commandement de Milan, puis de celui d'Alexandrie en 1800 ; il resta dans cette dernière place jusqu'en 1814, à l'arrivée des Autrichiens.

Sous la Restauration, Despinoy commanda à Paris et reçut le titre de comte en 1816. Appelé à la tête de la 12e division à Périgueux, il eut à s'occuper du fameux procès des *Quatre Sergents de la Rochelle* ; il obtint d'eux des aveux sur leur conspiration en leur promettant, dit-on, une grâce qui ne leur fut pas accordée.

Retraité en 1830, après cinquante ans de services, Despinoy consacra ses dernières années aux arts et aux sciences, qu'il avait toujours aimés, et s'occupa d'augmenter encore la magnifique bibliothèque et la riche galerie de tableaux qu'il avait réunis pendant sa vie publique. Il est mort en 1848, à l'âge de 84 ans.

MORTIER (Edouard-Casimir-Joseph), duc de Trévise, maréchal de l'Empire, est né au Cateau en 1768. Son père, *Antoine-Charles-Joseph*, député aux Etats-Généraux, le destinait au commerce; les événements de 1792 en décidèrent autrement. Mortier fut élu capitaine au 1er bataillon des volontaires du Nord, et vit le feu pour la première fois à l'affaire de *Quiévrain* (28 avril 1792). Il se distingua tellement à *Jemmapes* et à *Hondschoote* qu'il devint adjudant-général après cette dernière bataille. Il combattit ensuite à *Maubeuge*, où il fut grièvement blessé, à *Mons*, à *Bruxelles*, à *Louvain*, à *Fleurus*. Au siège de *Maestricht*, sous les ordres de Kléber, il s'empara du fort Saint-Pierre. Le rôle de Mortier ne fut pas moins brillant dans la campagne de 1796; attaché à la division Lefebvre, qui occupait les avant-postes de l'armée de Sambre-et-Meuse, il rejeta les Autrichiens au-delà de l'Acher, prit une part importante au combat d'*Altenkirchen*, en enlevant les hauteurs de Vildendorf, Gissen, Gemunden, Schweinfurt, et plus tard au combat d'*Hirscheid*, où il commandait la cavalerie. Ce fut Mortier qui négocia, en décembre 1796, la reddition de *Mayence* à la France. En 1799, général de division dans l'armée d'Helvétie, il contribua puissamment à l'immortelle victoire de *Zurich*.

Quatre ans plus tard, après la rupture de la paix d'Amiens, Mortier était chargé par le premier consul de chasser les Anglais du Hanovre; autant par sa bravoure que par sa conduite sage et habile, il amena le maréchal Walmoden à signer la capitulation de *Suhlingen* (juin 1803), qui décidait le licenciement de l'armée hanovrienne, et occupa tout le Hanovre.

Maréchal de l'Empire en 1804, Mortier commanda un corps de la Grande-Armée en 1805. Attaqué le 11 novembre pendant la marche d'Ulm sur Vienne avec 5,000 hommes seulement, par 40,000 Russes, il soutint pendant tout un jour, dans les gorges de *Dirnstein*, un combat acharné qui donna à ses autres divisions le temps de venir le dégager. En 1806, Mortier occupa l'électorat de Hesse-Cassel et Hambourg; chargé d'appliquer dans cette ville le blocus continental, il y confisqua les propriétés anglaises, mais refusa d'enlever à la Banque de Hambourg une somme de quatre-vingts millions de marks, nonobstant l'ordre qu'il en avait reçu. Au commencement de 1807, il est en observation dans la Poméranie, en face des Suédois, dont les dispositions hostiles inquiétaient l'Empereur. Vainqueur à *Anklam*, le 18 avril, Mortier les refoule sur Stralsund et les oblige de signer l'armistice de *Schlaskow*, qui lui livre les îles d'Usedom et de Vollin. Enfin il se trouve le 14 juin à la bataille de *Friedland*, qui terminait la glorieuse campagne de 1807. A la paix de *Tilsitt*, Mortier, nommé gouverneur général de la Silésie, recevait le titre de duc de *Trévise* et une dotation de 100,000 francs de rentes sur les domaines du Hanovre.

Dans la guerre d'Espagne, Mortier dirigea quelque temps le siège de *Saragosse*; il fut vainqueur à *Ocâna* (18 novembre 1809), à la *Gébora* (19 février 1811). Il ne se distingua pas moins dans la fatale campagne de Russie, à la tête de la jeune garde impériale; il fit sauter le Kremlin quand la Grande-Armée évacua Moscou. Ayant commencé la réorganisation de ses troupes dès la fin de 1812, à Francfort-sur-le-Mein, il fut prêt des premiers au printemps suivant, combattit à *Lutzen*, à *Bautzen*, à *Dresde*, à *Wachau*, à *Leipzig*, à *Hanau*, se replia jusqu'à Langres, en défendant pied à pied le territoire, et fit des prodiges de valeur à la bataille du 30 mars 1814, sous Paris.

Après la chute de Napoléon, dont il avait approuvé la déchéance votée par le Sénat, Mortier fut envoyé à Lille. Au retour de l'Empereur, il déconseilla la résistance à Louis XVIII et se laissa inscrire sur la liste des pairs impériaux. La deuxième Restauration ne lui conserva pas la pairie; néanmoins, elle lui confia la présidence du conseil de guerre chargé de juger Ney, et qui, dans l'espoir de sauver l'infortuné maréchal, se déclara incompétent.

Député du Nord en 1816, Mortier recouvra la pairie

en 1819 et vota avec les libéraux. Aussi jouit-il de la confiance du gouvernement de Juillet, qu'il avait accueilli avec faveur. Il fut quelque temps ambassadeur en Russie, grand-chancelier de la Légion d'honneur en 1831, puis ministre de la guerre et président du Conseil (du 18 novembre 1834 au 12 mars 1835).

Dans la revue que passait Louis-Philippe le 28 juillet 1835, pendant les fêtes anniversaires de la Révolution de Juillet, Mortier était aux côtés du roi quand éclata la machine infernale de Fieschi : le maréchal fut atteint mortellement.

Sa statue en bronze, œuvre du sculpteur Bra, se voit sur la principale place de sa ville natale.

VANDAMME (Dominique-Joseph, comte d'Unsbourg), général français, naquit à Cassel le 5 novembre 1770. Il avait été incorporé en 1788 dans un régiment colonial ; en 1792, il organisa une compagnie franche de *chasseurs du Mont Cassel*, à la tête de laquelle il combattit à *Hondschoote* ; deux ans après, général de brigade à l'armée du Nord, il investit Furnes, débloqua Nieuport et se distingua sous Moreau aux batailles de *Mouscron*, de *Courtrai* et de *Tourcoing*. Il fit les campagnes suivantes dans l'armée de Sambre-et-Meuse, fut nommé général de division en 1799 et prit part aux victoires remportées par Brune sur les Anglais à *Berghen* et à *Kastricum*. L'année suivante, sa division, formant l'avant-garde de Moreau, traversa le Rhin sous le feu de 80 canons.

Nous retrouvons Vandamme, en 1805, s'emparant d'*Augsbourg* et contribuant à la grande victoire d'*Austerlitz* par la prise du plateau de *Pratzen*, clef des positions russes et autrichiennes. Pendant les campagnes de Prusse et de Cologne, il montre de rares talents militaires en faisant, sous les ordres de Jérôme Bonaparte, la conquête de la Silésie et de Breslau sa capitale ; mais, peu après, il tombait en disgrâce, à la suite de démêlés très vifs avec le roi de Westphalie ; il resta sans commandement jusqu'en 1813. Il fut alors placé à la tête d'un corps d'armée qui dut marcher sur la Bohême après la victoire de Dresde ; n'ayant pas été secouru, il lutta à *Kulm* avec 15,000 hommes contre 80,000 coalisés, se vit couper la retraite par une division prussienne échappée à la poursuite de Gouvion Saint-Cyr et fut contraint de se rendre après une résistance désespérée. L'empereur Alexandre, à qui le général vaincu fut conduit, s'oublia, dit-on, malgré la douceur habituelle de son caractère, jusqu'à l'injurier en l'appelant brigand, pillard; toutefois il fit remettre à Vandamme son épée, que le grand-duc Constantin lui avait enlevée. Vandamme, interné en Sibérie, ne revit la France qu'en 1814. Il était à peine de retour à Paris qu'un ordre l'invita à s'éloigner dans les vingt-quatre heures.

Pendant les Cent-Jours, Vandamme fut un des lieutenants de Grouchy; il fit des prodiges de valeur à *Ligny*. On sait ce qu'il advint ensuite des 36,000 hommes de Grouchy; ce général, chargé de poursuivre et de surveiller les Prussiens après Ligny, les laissa s'unir aux Anglais sur le champ de bataille de Waterloo et ne songea pas lui-même à rejoindre l'empereur, ce qui eût changé le sort de la bataille et, qui sait? peut-être la face des événements.

La Restauration ne pouvait oublier que jadis Vandamme avait été un terroriste; elle le comprit donc au nombre de ceux que frappait l'ordonnance du 24 juillet 1815. Vandamme résida quelque temps à Gand, puis passa en Amérique. Il lui fut permis de rentrer en France en 1824. Retiré dans sa ville natale, il y mourut le 15 juillet 1830.

Vandamme a laissé la réputation d'un soldat intrépide et d'un général de grand mérite, mais on lui a reproché son implacable dureté, qui allait jusqu'à la cruauté, et l'on cite de lui, sous ce rapport, des traits qui font tache dans sa mémoire.

GUILLEMINOT (Armand-Charles, comte), général français, né à Dunkerque en 1774, fit toutes les campagnes de la Révolution sous Dumouriez, Moreau et Pichegru; aussi fut-il soupçonné de complicité avec ces généraux, lors de la trop célèbre conspiration de Pichegru et de Cadoudal, et mis à la réforme en 1804. On le rappela cependant à l'activité presque aussitôt, et il fit partie de l'état-major de Berthier dans les campagnes de 1805, 1806 et 1807, puis de Bessières, avec qui il conquit les étoiles de général de brigade sur le champ de bataille de *Rio-Seco*, en 1808. Il fit plus tard la campagne de Russie, toujours dans l'état-major général, et devint divisionnaire en 1813. Ce fut lui qui conclut, avec Blücher, la suspension d'armes du 3 juillet 1815. Ses connaissances étendues en topographie le firent nommer, sous la Restauration, directeur du dépôt de la guerre. Chargé de rédiger le plan de la campagne de 1823, en Espagne, Guilleminot contribua largement à la diriger comme major-général du duc d'Angoulême, commandant en chef. C'est à l'influence de Guilleminot qu'on attribua l'ordonnance d'Andujar.

A son retour en France, il reçut la pairie et l'ambassade de Constantinople. En 1831, le gouvernement de Juillet jugea trop vive son opposition à la Russie et le rappela. Il vécut depuis dans la retraite jusqu'à sa mort, en 1840.

Guilleminot avait épousé une demoiselle de Fernig, sœur des deux héroïnes dont Lamartine a raconté l'histoire dans son ouvrage des *Girondins*.

DECAUX (Louis-Victor Blacquetot, baron), né à Douai en 1775, mort en 1845, entra dans le génie en 1793, servit aux armées des Ardennes, du Rhin, de Rhin-et-Moselle pendant les grandes guerres de la Révolution. En 1799 il fut chargé par Moreau de négocier une suspension d'armes avec le général autrichien Bubna. Appelé à faire partie de l'armée des côtes de l'Océan, puis de la Grande-Armée, Decaux y acquit promptement la réputation d'un ingénieur militaire distingué ; aussi fut-il envoyé aux Pays-Bas en 1809, quand les Anglais y tentèrent un débarquement ; il contribua pour une large part à les chasser de *Walcheren*. Pour le récompenser, Napoléon le fit baron de l'Empire en 1812.

Après la chute de l'empereur, Decaux devint maréchal de camp, conseiller d'État en 1817 et directeur général au ministère de la guerre ; il déploya dans ces dernières fonctions les qualités d'un administrateur consommé. Le département du Nord l'ayant envoyé à la Chambre des députés en 1827, Decaux fit partie du ministère Martignac ; il était lieutenant-général depuis quatre ans. Le gouvernement de Juillet le nomma pair de France en 1832.

CORBINEAU (Jean-Baptiste-Juvénal, comte) est le second de trois frères qui se sont illustrés pendant les guerres de l'Empire. Né à Marchiennes en 1776, il fit toutes les campagnes de la Révolution et de l'Empire avec une distinction qui le porta promptement aux premiers grades de l'armée. Après avoir commandé quelque temps avec honneur en Espagne, il fit partie de l'expédition de Russie. Pendant la fatale retraite de 1812, isolé pendant quelque temps, le général Corbineau put se dégager et franchir, avec les restes de sa division de cavalerie, le gué de Studianka, sur *la Bérésina*, qu'il fit connaître à Napoléon. C'est par là que les héroïques débris de la Grande-Armée échappèrent aux Russes. La belle conduite de Corbineau fut récompensée du titre d'aide de camp général de l'empereur. Mais l'heure des revers était décidément sonnée pour le formidable capitaine qui avait tant abusé de la fortune, et ni la brillante valeur des conscrits de 1813, ni les merveilles de la campagne de 1814 ne devaient sauver l'Empire. En Allemagne comme en France, Corbineau continua de montrer sa bravoure habituelle; il préserva Napoléon des Cosaques à *Brienne* et défendit *Reims* avec une poignée d'hommes contre tout un corps d'armée.

Pendant les Cent-Jours, Corbineau, rallié à Napoléon, assista à *Waterloo*; la Restauration le mit à la retraite à moins de quarante ans. Sous le gouvernement de Juillet, il fut rappelé à l'activité et créé pair de France. Ce fut Corbineau qui fit arrêter le prince Louis Bonaparte, lors de sa tentative de Boulogne, en 1840.

Ce vaillant soldat est mort en 1848. Son nom, comme celui de son frère aîné tué à *Eylau*, a été gravé sous l'Arc-de-Triomphe.

MERLIN (Antoine-François-Eugène, comte), général français, fils de Merlin de Douai, naquit à Douai en 1778 et s'engagea à 15 ans. Il montra beaucoup de bravoure en Vendée et à l'armée du Rhin. En 1798, Bonaparte, partant pour l'Egypte, se l'attacha comme aide de camp et le fit capitaine après l'expédition de Syrie.

Revenu en France avec Bonaparte, Merlin assista à la bataille de *Marengo*. Il fit les campagnes de 1805, 1806 et 1807 et servit sous Bernadotte, dans l'armée qui chassa les Anglais de *Flessingue* et de l'île *Walcheren*. Il alla ensuite combattre en Espagne, mais au moment où les revers se multipliaient; il se distingua à la désastreuse bataille des *Arapiles* et prit, en 1812, le général anglais Paget. A l'armée d'Allemagne il ne fit pas moins bien son devoir et parut avec honneur à *Leipzig* et à *Hanau*; la coalition le bloqua dans *Mayence*, jusqu'à l'abdication de Napoléon, et la Restauration le mit en non-activité. Après Waterloo, il se retira avec l'armée sur la Loire. Ayant suivi son père sur la terre d'exil, il faillit périr avec lui à Flessingue, et revint à Paris en 1818. Deux ans après, il était traduit devant la Chambre des pairs comme un des auteurs de la conspiration du 19 août; il fut acquitté.

Le gouvernement de Juillet, qui avait rappelé Merlin à l'activité, lui confia un commandement lors de l'expédition d'*Anvers*, et le nomma lieutenant-général (1832). Député de 1834 à 1837, il vota avec les conservateurs et devint pair en 1839. A la fin de sa vie, qu'il termina dans la retraite (1854), il était devenu aveugle.

CORBINEAU (Marie-Louis-Hercule-Hubert, baron). — La carrière du troisième Corbineau a été moins brillante, mais aussi héroïque que celle de ses frères. Né à Marchiennes comme le second, en 1780, il s'embarqua d'abord comme mousse à 13 ans, sur le corsaire le *Requin*, puis sur la corvette la *Naïade*. Mais il rejoignit ensuite son frère aîné dans l'armée de terre, fit avec lui presque toutes les campagnes de la Révolution et fut souvent aussi blessé avec lui. Il fit notamment des prodiges de valeur à *Hohenlinden*, reçut la croix de la Légion d'honneur à la création de l'Ordre, puis entra dans la garde. Il se distingua de nouveau à *Austerlitz*, à *Iéna*, et fut grièvement blessé à *Eylau*, pendant que son frère aîné était tué par un boulet en portant un ordre. Major-colonel des chasseurs de la garde impériale, il paraît avec éclat à *Friedland*. Mais à la bataille de *Wagram*, deux ans plus tard, il a le genou droit fracassé et subit l'amputation de sa jambe. Sa carrière militaire était brisée.

Napoléon, pour récompenser dignement cet héroïque soldat, le fit officier de la Légion d'honneur, lui donna le titre de baron avec une importante dotation et le nomma receveur-général de la Seine-Inférieure. N'étant pas assez riche pour payer de suite le cautionnement élevé qu'il devait fournir, il offrit d'engager sa dotation. « Votre cautionnement, lui fit répondre l'empereur, est déposé avec votre jambe sur le champ de bataille de Wagram. » Et on lui laissa du temps pour s'acquitter. Mais la Restauration ne lui continua pas cette facilité et le transféra à Châlons-sur-Marne, où il mourut en 1823.

Dans le grand tableau qu'a tracé Horace Vernet de la bataille de Wagram, Corbineau est représenté au moment où on l'enlève sur un brancard, presque sous les yeux de l'empereur.

THOLOZÉ (Henri-Alexis de), général français, est né à Bouchain le 17 juin 1781, dans une famille essentiellement militaire, et dont six membres ont servi à la fois dans le génie. Le chef de la famille est mort général à soixante-sept ans, pendant l'expédition de *Saint-Domingue*, dont il faisait partie; son fils aîné, officier également, qui l'accompagnait, y eut le même sort; un autre fut tué au siège de *Dantzig*, un autre encore périt dans la retraite de Russie; un neveu, officier comme son oncle et ses cousins, mourut glorieusement à *Krasnoë*. Le troisième fils du général survécut seul; c'est notre héros.

Henri-Alexis de Tholozé était entré à l'École polytechnique dès l'âge de seize ans, en 1797. Sous-lieutenant en 1801, il fit partie des états-majors des généraux Friant à Ostende, d'Hautpoul à Boulogne; il assista à la reddition d'*Ulm*, au combat d'*Hollabrünn*, et se distingua à *Austerlitz*, où il gagna la croix. En 1806, il entra dans l'état-major du maréchal Soult, qui l'avait apprécié et désirait l'attacher à sa personne. Honoré de toute la confiance de son chef, Tholozé fit avec le plus grand éclat les campagnes de Prusse et de Pologne et parut aux batailles d'*Iéna*, de *Lubeck*, de *Hoff*, d'*Eylau* (où il fut blessé), de *Heilsberg*, à la prise de *Kœnigsberg*. En 1808, il passe en Espagne et combat à *Burgos*, à *La*

Corogne, au *Ferrol*, à *Chavez*, à *Braga*, à *Oporto*, etc., puis à *Ocâna*, aux sièges d'*Olivenza* et de *Badajoz*, à *La Gébora*, le 19 février 1811, où il enlève un drapeau dans les rangs ennemis. Cette action d'éclat lui valut la rosette d'officier de la Légion d'honneur; il était chef d'escadron depuis 1809. Blessé deux fois à l'*Albuéra*, en 1812, Tholozé quitte l'Espagne pour faire la campagne d'Allemagne et montre sa valeur ordinaire à *Lutzen*, à *Bautzen*, à *Würchem*. On le renvoie en Espagne, mais il n'y arrive que pour voir nos soldats évacuer le pays et livrer les derniers combats de *Sauveman*, de *Saint-Sébastien*, de *Saint-Jean-de-Luz*, d'*Orthez*, de *Toulouse*. Le 17 janvier 1814, Tholozé était fait colonel. Pendant les Cent-Jours, le vaillant officier reprit sa place dans l'état-major de Soult; néanmoins il ne fut pas inquiété par la Restauration, qui le nomma même chevalier de Saint-Louis. Gouvion Saint-Cyr l'appela peu après au dépôt de la guerre, où il montra une science, une activité, une intelligence supérieures. Il devint commandeur de la Légion d'honneur en 1822, et fut dans la campagne de 1823, en Espagne, chef d'état-major du maréchal Moncey. Au retour, il reçut les étoiles de maréchal de camp et entra au comité consultatif d'état-major.

Dans l'expédition d'Algérie, Tholozé assista au débarquement de *Sidi-Ferruch*, à la bataille de *Staouéli*, à la prise d'*Alger*, comme sous-chef d'état-major de l'armée; c'est à lui que fut confié le commandement d'Alger aussitôt après la conquête. On le retrouve un an après en Belgique, à la tête d'une brigade du corps expéditionnaire qui en chassa les Hollandais. Nommé commandant de l'École polytechnique, il la dirigea avec une rare distinction jusqu'au 12 mai 1839. Ayant ce jour-là armé ses élèves pour résister à l'émeute et chasser des insurgés, il dut donner sa démission. Il était lieutenant-général depuis le 24 août 1838, grand officier de la Légion d'honneur depuis la fin de la Restauration. De sa sortie de l'École polytechnique jusqu'à sa retraite, qu'il prit le 17 avril 1848, Tholozé remplit encore les hautes fonctions d'inspecteur des écoles militaires, de président du comité d'état-major, de commandant de la 13e division. Il est mort le 14 mai 1853.

Salvandy a pu dire avec raison, en faisant l'éloge de
ce valeureux et savant officier, qu'il a versé son sang
dans toutes les parties de l'Europe.

III. — ÉCRIVAINS

GAUTHIER. — Gauthier, de Lille ou de Châtillon,
poète latin, natif de Lille, vécut dans le xiie siècle, et
mourut vers 1201, à Amiens. Élève de l'Université de
Paris, il se fixa à Châtillon (on ne sait au juste dans
laquelle des villes de ce nom, vraisemblablement Châ-
tillon-sur-Marne), où il fut chargé de la direction des
écoles. Il étudia plus tard le droit à Bologne, en Italie ;
de retour en France, il devint secrétaire de l'archevêché
de Reims. Après avoir occupé ces fonctions sous deux
prélats, il reçut comme récompense un canonicat de
l'église d'Amiens.

Les écrits de Gauthier sont en latin. Le plus connu
est l'*Alexandréide*, poème héroïque en dix chants, qui,
publié en 1513, eut de nombreuses éditions. L'auteur y
a commis certains anachronismes en faisant d'Alexandre
un contemporain du Christ.

GIÉLÉE (Jackmars), autre poète dont s'honore la
ville de Lille, a vécu au xiiie siècle. Il est l'auteur de
Renart le Nouvel, une des branches du célèbre roman
de Renart, monument de notre littérature du moyen
age. *Renart le Nouvel* est une satire des vices du
temps, surtout dans le clergé.

Avant la publication complète qu'a faite Méon en 1826
du roman de Renart, on n'avait de l'œuvre de Giélée
qu'une imitation en prose par Tenessax, intitulée : « Le
livre de maistre Regnart et de dame Hersant, » livre
plaisant et facétieux.

FROISSARD (Jehan, messire), le célèbre chroniqueur, est né à Valenciennes, vers 1330. Bien que
nommé chevalier dans quelques écrits, apparemment
par son copiste, Froissart semble être le fils d'un
peintre en armoiries. D'une intelligence remarquable,
il cultiva de bonne heure la poésie et la musique, mais
sa promotion à un canonicat de Chimay ne l'empêcha

pas de s'abandonner sans contrainte à son penchant pour les plaisirs.

C'est à la prière de son cher maître et seigneur, *Robert de Namur*, que Froissard entreprit de raconter les guerres de son temps. Il commença par retracer, en compilant les chroniques de *Jehan le Bel*, l'histoire de 1326 à 1356. N'ayant pu obtenir la main d'une dame de haut rang qu'il aimait, il tomba malade de chagrin, et, à peine rétabli, partit pour l'Angleterre afin de chercher une diversion à ses espérances déçues. Il resta quatre ans, de 1356 à 1360, comblé des faveurs de la reine Philippine de Hainaut, qui l'avait fait son clerc. C'est après son retour en France qu'il commença ses longs voyages, « trottant sur son cheval gris, avec sa malle en croupe et menant en laisse un blanc lévrier (1), » poursuivant l'histoire « sur les grands chemins, dans les châteaux, dans les hôtelleries (1). » Il passa de France dans le Hainaut, puis en Écosse, visita l'Aquitaine, accompagna le prince Noir dans son expédition d'Espagne, fut attaché au cortège du duc de Clarence, qui allait à Milan épouser une fille du duc Galéas Visconti, et traversa ensuite l'Allemagne. Il s'était rencontré à Milan avec le célèbre écrivain Boccace. Partout le chroniqueur interrogeait les chevaliers, les hommes d'État, les diplomates, et écrivait comme en courant, recueillant les faits à mesure qu'ils s'accomplissaient, et semblant « ne s'arrêter d'écrire qu'afin de leur donner le temps de naître (1). »

Quelque temps curé de Lestines, Froissart y reste assez pour laisser « cinq cents écus chez les taverniers (1), » mais le goût des voyages le reprenant, il visite les cours de Wenceslas, duc de Luxembourg, et de Guy, comte de Blois, qui l'accueillent avec honneur. En allant de Blois à Orthez, il a la bonne fortune de chevaucher en compagnie du chevalier Espaing du Lion, qui lui raconte, avec force détails, tous les faits dont il a été le témoin, toutes les histoires se rattachant aux villes et aux châteaux où ils passent. Après un court séjour chez Gaston Phébus, comte de Foix, où il a fait ample moisson, il retourne aux Pays-Bas, de là

---

(1) J. Demogeot, *Histoire de la Littérature française*.

en Angleterre, en 1395, où le roi Richard II lui témoigne la plus vive amitié. Un des derniers récits de Froissard est une narration touchante de la chute de ce prince, qui, comme on le sait, fut détrôné en 1399 par Henri de Lancastre.

La chronique de Froissard s'arrête en 1400. C'est « un vaste tableau plein de mouvement, brillant de couleurs, splendide de costumes; batailles, fêtes, tournois, siéges de villes, prises de châteaux, grandes chevauchées, escarmouches hardies, nobles faits et maniements d'armes, entrées des princes, assemblées solennelles, bals et habillements de cour, toute la vie militaire et féodale s'y presse, s'y accumule dans une magnifique profusion (1). »

« Ce livre est un des plus précieux monuments de notre langue et de notre histoire. Mais il ne faut lui demander ni moralité bien haute, ni patriotisme bien énergique. Il est pour ceux qui donnent les meilleurs coups de lance, et son temps était comme lui (2). »

COMMINES (Philippe de la Clyte, sire de), seigneur d'Argenton, est né en 1445 au château de Commines. Il passa ses premières années à la cour du duc de Bourgogne, Philippe le Bon, fut un des compagnons du comte de Charolais, avec qui il assista à la bataille de *Montlhéry*, et un des négociateurs du célèbre traité de *Péronne*, où Louis XI, prisonnier du Téméraire, dut subir les dures conditions de l'ennemi auquel il s'était si maladroitement livré.

Commines jouissait donc de toute la confiance de son maître; néanmoins il passa en 1472 au service de Louis XI, qui l'en récompensa généreusement par les seigneuries d'Aulonne, de Château-Gontier, la principauté de Talmont, la sénéchaussée du Poitou, la charge de chambellan, etc., et dont il devint le principal conseiller.

Pour expliquer cet acte de Commines, on a raconté que Charles le Téméraire lui en avait donné le sujet en le maltraitant. Sans rechercher si le fait est exact, nous

---

(1) J. Demogeot, *Histoire de la Littérature française*.
(2) V. Duruy, *Histoire de France*.

croyons admissible que Commines ait quitté Charles le Téméraire uniquement parce que l'esprit positif et avisé de l'historien flamand ne pouvait douter de l'issue de la lutte entre un prince violent, impétueux, semblant n'obéir qu'aux inspirations de la colère, entreprenant vingt projets sans en terminer aucun, et le roi de France, devenu habile à tirer des événements les leçons qu'ils comportaient. Quoi qu'il en soit, de pareils changements, si la morale n'en apparaît pas absolument pure, étaient assez dans les mœurs du temps, témoin avec Commines, le sire de Lescun. Le siècle n'était pas fait pour s'en scandaliser.

Louis XI chargea Commines de poursuivre la réunion à la France de la Bourgogne et de la Flandre, puis de le représenter près de Laurent de Médicis. A la mort du roi, dont il était devenu l'ami, Commines entra d'abord dans les conseils de la régente, puis s'en vit écarter avec tous les anciens conseillers intimes de Louis XI. Son mécontentement le poussa en 1487 dans un complot qu'avait formé le duc d'Orléans d'enlever le roi; mais les conjurés trahis échouèrent, et Commines, arrêté, fut enfermé pendant un an dans une cage de fer. Mis en jugement sur les instances d'Hélène de Monsoreau, sa femme, qui espérait le sauver ainsi, il fut en 1488 transféré à Paris et condamné par le Parlement à dix ans d'exil en Flandre et à la confiscation de ses biens. On le rappela peu après, et c'est lui qui signa en 1493 le traité de *Senlis*, conclu avec Maximilien d'Autriche. Il accompagna Charles VIII dans l'expédition d'Italie, qu'il avait déconseillée vainement; envoyé en ambassade à Venise, il fut très utile au roi, bien qu'ayant eu connaissance trop tard de la coalition formée contre la France. On lui reprocha l'année suivante certaines conditions du traité de *Verceil*, négocié par lui après le retour de Charles VIII. Sous Louis XII, Commines resta sans emploi. C'est alors que, retiré dans sa terre d'Argenton, où il mourut en 1509, il rédigea ses célèbres mémoires.

Ce n'est plus, comme la chronique de Froissart, un simple exposé des faits; l'auteur les apprécie et en tire des conséquences; il fait véritablement œuvre d'historien. Son exactitude est rigoureuse, ses portraits absolument conformes à la vérité. Mais, moins encore que Froissard, Commines se soucie de la morale; il n'a d'admiration que pour le succès et les moyens de l'obtenir; les vertus, le bien, le beau, le touchent peu. Aussi a-t-il trouvé son idéal dans Louis XI, auquel il ne ménage pas les louanges.

La langue de Commines est pleine de charme; sans être dépourvue de la naïveté que l'on admire dans Froissard, elle est, avec son allure bourgeoise, plus précise, plus claire, plus noble. Elle constitue une transition remarquable entre la langue du Moyen Age et celle de la Renaissance.

PANCKOUKE (André-Joseph), célèbre libraire et écrivain, né à Lille en 1700, est mort dans cette ville le 17 juillet 1753.

Ayant fait de solides études, servi par une excellente mémoire, il ne se contenta pas de vendre des livres, il voulut en faire. Ses ouvrages sont surtout des compilations. Voici les principaux : *Dictionnaire historique et géographique de la Châtellenie de Lille* (1733); *Eléments d'astronomie* (1739); *Essais sur les Philosophes, ou Egarements de la raison sans la foi* (1743), ouvrage qui, réimprimé en 1753, reçut le titre de *Usage de la Raison*; *Bataille de Fontenoy*, poème héroïque en vers burlesques, parodie et critique du poème de Voltaire, sur le même sujet (1745); *Manuel philosophique ou Précis universel des sciences* (1748); *Dictionnaire des Proverbes français* (1741), qui a rendu inutile celui de Mésangère, paru soixante-et-onze ans plus tard; *Etudes convenables aux Demoiselles* (1749), livre longtemps employé dans les maisons d'éducation; *Amusements mathématiques* (1749) et *Abrégé chronologique de l'histoire de Flandre*, publié seulement en 1762.

Très attaché aux doctrines du jansénisme, Panckouke refusa de signer à son lit de mort le formulaire prescrit pour recevoir les derniers sacrements; il se les vit refuser et ne reçut la sépulture chrétienne que par l'intervention de l'autorité.

PANCKOUKE (Charles-Joseph), fils d'André-Joseph Panckouke, né à Lille le 26 novembre 1736, alla fonder une grande librairie à Paris en 1764. Bien que sa première jeunesse eût été négligée, il n'en avait pas moins fait d'excellentes études, grâce à une intelligence peu commune. Aussi était-il déjà connu, quand il arriva à Paris, par quelques articles sur les sciences, et sa maison devint-elle le rendez-vous de savants et d'écrivains des plus distingués. Généreux par caractère, il se montra facile avec les auteurs peu favorisés de la fortune; loin de lui nuire, cette noble conduite ne fit qu'accroître la prospérité de sa maison. Ayant acheté le *Mercure de France*, dont son beau-frère Suard devint un des principaux rédacteurs, il perfectionna tellement cette publication, qu'en peu de temps elle eut 15,000 abonnés, chiffre considérable pour l'époque. Éditeur des *Œuvres de Buffon*, du *Répertoire de jurisprudence* (27 vol.), du *Voyageur français de La Porte* (30 vol.), du *Grand Vocabulaire français*, Panckouke voulut aussi publier les œuvres de Voltaire. Le célèbre philosophe ayant accepté, Panckouke prépara un exemplaire interfolié de blanc de l'édition et l'envoya à Fernay, pour le soumettre aux observations de l'auteur. Mais Voltaire mourut sans avoir pu terminer ce travail; tous les exemplaires et les notes qui y étaient relatifs furent remis à Panckoucke, qui dédia alors l'édition à Catherine II, Impératrice de Russie. La réponse de la czarine tardant, l'éditeur chargea Beaumarchais de continuer la revision, travail que cet écrivain accepta volontiers; il comptait le présenter comme l'origine de sa fortune, acquise sur des fournitures faites aux insurgés d'Amérique. Au bout de sept mois, Catherine II répondit en acceptant la dédicace de Panckouke et en la payant généreusement. L'édition dite de *Kehl* (du nom de la ville où Beaumarchais acheva sa revision) eut un succès mérité. Au retour d'un voyage à Londres, Panckouke fonda, le 26 novembre 1789, un journal dont la rédaction fut confiée à des hommes de talent et qui devait acquérir une haute célébrité, le *Moniteur Universel*, longtemps journal officiel du gouvernement. Une autre feuille remarquable, *la Clef du cabinet des Souverains*, avait aussi eu beaucoup de succès, mais le gouvernement consulaire la supprima.

Outre ses belles éditions, connues dans toute l'Europe, Panckouke est l'auteur de divers écrits de mérite. Il est mort à Paris le 19 décembre 1798. Son fils et son petit-fils ont été aussi des savants et des écrivains distingués.

DEFAUCONPRET (Auguste-Jean-Baptiste), né à Lille en 1767, fut d'abord notaire à Paris; mais son caractère et ses goûts étaient sans doute peu compatibles avec cette profession, car il y perdit sa fortune et dut passer en Angleterre. Fixé à Londres, il y fit paraître successivement les livres intitulés : *Une année à Londres* (1819); *L'Ermite de Londres* (1819-1820); *Londres en 1819, 1820, 1821, 1822, 1823, 1824*; puis *Wat-Tyler, Masaniello*. Defauconpret s'est particulièrement fait connaître par ses excellentes traductions d'auteurs anglais : Walter Scott, Fenimore Cooper, Marryat, Washington Irving, Lady Morgan, etc. Il est mort en 1843.

Madame **DESBORDES-VALMORE** (Marceline-Joséphine-Félicité Desbordes, dame Valmore). — Tout le monde connait par quelqu'une de ses œuvres ce poète aimable, mais beaucoup de ceux qu'ont charmés ses vers ignorent sans doute par quel concours de circonstances madame Desbordes-Valmore a été amenée à les écrire.

Née à Douai en 1785, Marceline Desbordes était la fille d'un peintre en armoiries et en ornements d'église, que la Révolution réduisit à la misère. Deux oncles centenaires, protestants, réfugiés en Hollande à la suite de la révocation de l'édit de Nantes, léguèrent par testament une immense fortune à sa famille, mais à la condition d'embrasser le protestantisme. Après de cruelles hésitations, Marceline et sa mère préférèrent renoncer à la fortune qu'on leur offrait plutôt qu'à leur foi. Un parent leur restait à la Guadeloupe; pensant qu'il pourrait leur venir en aide, la mère et la fille partirent pour cette colonie. Quand elles débarquèrent, les nègres soulevés mettaient l'île à feu et à sang. Pour comble de malheur, Marceline eut la douleur de perdre sa mère. Elle revint donc seule en France, plus pauvre qu'à son départ. Cependant il fallait vivre; c'est alors que Marceline eut l'idée d'utiliser au théâtre ses talents de chanteuse.

Elle recueillit de brillants succès à Rouen, puis à l'Opéra-Comique de Paris, notamment dans le rôle de *Lisbeth*, opéra de Grétry. Obligée, par suite d'une maladie nerveuse, de renoncer au théâtre, mademoiselle Desbordes épousa, le 4 septembre 1817, François-Prosper Lanchantin, dit Valmore, comédien distingué. Sous l'influence de sa maladie, madame Desbordes-Valmore se sentit alors portée vers la poésie, ainsi qu'elle l'a dit elle-même. « La musique roulait dans ma tête malade, et une mesure toujours égale arrangeait mes idées, à l'insu de ma réflexion. Je fus forcée de les écrire, pour me délivrer de ce frappement fiévreux, et l'on me dit que c'était une élégie. Je continuai d'écrire, sans avoir rien lu, ni rien appris, ce qui me causait une fatigue pénible, pour trouver des mots à mes pensées. Voilà sans doute la cause de l'embarras et de l'obscurité qu'on me reproche, mais que je ne pourrais pas corriger moi-même. »

On a de Mme Desbordes-Valmore des élégies pleines de cœur, empreintes d'une grâce tendre, mélancolique, rêveuse; c'est le genre dans lequel elle a excellé. Ses contes, toujours pleins d'un sentiment élevé, d'une morale aimable, sont très propres à inspirer le goût de la vertu. Nous ne nommerons pas toutes ses compositions, mais qui n'a appris par cœur l'*Oreiller d'une petite fille*; *Douce chimère*; *Vous souvient-il de cette jeune amie?* l'*Ecolier*, etc...?

Madame Desbordes-Valmore est morte en 1859. Elle avait eu la douleur de perdre sa fille unique qui, toute jeune encore, annonçait déjà les plus heureuses dispositions pour la poésie.

LEROY (Pierre-Joseph-Jean-Baptiste-Onésime), natif de Valenciennes en 1788, se fit inscrire, après de brillantes études de droit faites à Paris, au barreau de sa ville natale, mais dut le quitter au bout de quelque temps à cause du mauvais état de sa santé. Il vint alors habiter Senlis en 1822, pour ne s'occuper que de lettres, puis l'année suivante Passy. Raynouard, qui l'y connut, lui inspira le goût des recherches historiques en littérature. Revenu à Valenciennes en 1830, Leroy y organisa une bibliothèque populaire de prêts gratuits.

En 1849, plus de 50,000 suffrages l'envoyèrent siéger comme député du Nord à l'Assemblée législative.

Leroy a laissé plusieurs comédies, mais on apprécie particulièrement ses études sur certains points de l'histoire littéraire : sur la personne de Ducis (1832-34), sur les mystères, monuments historiques religieux, la plupart inconnus, sur les manuscrits de Gerson (1838), couronné par l'Académie des Inscriptions et Belles-Lettres, sur Corneille et Gerson dans l'*Imitation de Jésus-Christ*.

LEROY (Aimé-Nicolas), frère de Pierre-Joseph Leroy, naquit comme lui à Valenciennes, en 1793, et comme lui aussi entra au barreau, à Douai, en 1815. Conservateur de la Bibliothèque de Valenciennes, il l'enrichit de nombreuses acquisitions, en même temps qu'il se rassemblait pour lui-même une collection de livres des plus remarquables.

Leroy a contribué avec Dinaux à la fondation, en 1821, de l'*Écho de la Frontière*, journal du Nord, d'un recueil des *Archives historiques et littéraires du nord de la France et du midi de la Belgique*. Parmi les ouvrages littéraires qu'il a laissés, nous citerons *Molière et les deux Thalie* (1811) ; *Promenades au cimetière de Valenciennes* (1828) ; *Légende de sainte Aldegonde, patronne de Maubeuge* (1830) ; *Le Barbet et le Dogue* (1831).

On raconte de Leroy que, présent à l'embaumement du corps de Delille, il en détacha deux fragments de l'épiderme, qu'il fit mettre dans la reliure d'un exemplaire des Géorgiques.

Il est mort lui-même en 1848.

DINAUX (Arthur-Martin), né à Valenciennes en 1795, mort en 1864, s'est occupé principalement de bibliographie et d'histoire locale. Il a fondé et dirigé successivement les *Petites Affiches de Valenciennes*, devenues depuis l'*Écho de la Frontière*, et les *Archives historiques et littéraires du nord de la France et du midi de la Belgique*, en collaboration avec Aimé-Nicolas Leroy.

Dinaux a écrit en outre des ouvrages estimés sur le nord de la France.

IV. — SAVANTS ET ÉRUDITS

1° DANS LES LETTRES

BUSBECQ, BOUSBECQ ou **BOUSEBECQUE** (Augier Ghislen de), né à Commines en 1522, fit son instruction dans les plus célèbres universités de Flandre, de France et d'Italie. Amené par son père à la cour de Charles-Quint, sa belle intelligence l'y fit remarquer par le puissant empereur, qui le chargea en 1555 d'une mission près du sultan Soliman le Magnifique. Busbecq ne put d'abord obtenir qu'une trêve de 6 mois, mais dans une seconde ambassade il eut un plein succès.

C'est à son retour qu'il écrivit en quatre lettres les relations de ses ambassades, étude aussi judicieuse qu'exacte des forces, des faiblesses et de la politique des Ottomans; le style en est tout à la fois élégant et naïf.

Gouverneur des enfants de Maximilien II, puis intendant de l'archiduchesse Élisabeth, Busbecq accompagna cette princesse en France lorsqu'elle épousa Charles IX, et y resta comme ambassadeur de Rodolphe II. Il y était encore en 1592. Au cours d'un voyage qu'il fit alors, il fut attaqué par un parti de ligueurs malgré le sauf-conduit dont il était porteur; bien que reconnu ensuite et respecté, il en éprouva un tel saisissement qu'il en mourut au château de Maillot, près de Rouen.

Pendant son séjour en France, Busbecq a écrit à l'empereur Rodolphe II des lettres latines, intéressantes par le récit qu'il y fait de nos guerres de religion.

Ce savant diplomate, qui ne parlait pas moins de sept langues, a un autre titre à notre admiration : ses belles études archéologiques dans l'Asie Mineure, pendant qu'il était ambassadeur à Constantinople. Ce fut lui qui découvrit le premier le *monument d'Ancyre*, inscription célèbre en l'honneur d'Auguste. Il rapporta en outre d'Orient des inscriptions grecques, des dessins, des manuscrits.

On doit à Busbecq la vulgarisation dans notre pays de plusieurs végétaux, parmi lesquels le lilas et le marronnier d'Inde.

RAPHELENG ou RAVLENGHIEN (François), imprimeur et linguiste, est né à Lannoy, près de Lille, en 1539. Après la mort de son père, il fut dirigé vers le commerce et voyagea pour cela en Allemagne. Toutefois, après avoir étudié à Nuremberg les langues anciennes et l'hébreu, il quitta le commerce pour venir continuer ses études à Paris. Quelque temps professeur de grec à Cambridge, en Angleterre, il entra comme correcteur chez le célèbre imprimeur Plantin, à Anvers. Rapheleng ne tarda pas à gagner la confiance de son maître, qui lui donna en 1565 la main de sa fille aînée Marguerite, et à qui il succéda quand Plantin alla fonder à Leyde une nouvelle imprimerie. Plus tard Rapheleng alla aussi se fixer à Leyde; il y étudia seul l'arabe avec quelques livres, et, en même temps qu'il reprenait l'imprimerie de son beau-père, il enseigna avec un grand talent l'hébreu à l'Université de cette ville.

Rapheleng est mort à Leyde le 29 juillet 1597. On lui doit la préface de la *Bible polyglotte de Plantin* (1571), des éditions classiques anciennes très correctes, mais moins belles que celles de son beau-père, et un ouvrage de philologie d'une grande érudition.

Son fils fut comme lui un écrivain distingué et a écrit quelques poésies.

COMMELIN (Jérôme) est un enfant de Douai. Né dans le XVIe siècle, il embrassa la réforme et alla s'établir comme imprimeur à Genève. Il séjourna quelque temps à Heidelberg, où l'Electeur palatin l'avait attiré.

Très érudit, comme les grands imprimeurs de son temps, Commelin s'est fait connaître par des éditions de classiques grecs et latins (Eunape, Héliodore, Apollodore, etc.), éditions très appréciées alors des savants, à cause de leur exactitude. Toutefois leur réputation ne se soutint pas quand parurent les publications similaires si soignées des Alde et des Estienne, les grands imprimeurs de Venise et de Paris.

Commelin est mort en 1598. Plusieurs de ses descendants, fixés en Hollande, s'y sont fait un nom dans la science.

LEGRAND (Antoine), théologien et philosophe, né à Douai, vécut au XVIIIe siècle. Après avoir reçu les ordres et être entré chez les franciscains, il enseigna la théologie et la philosophie à Douai. Admirateur enthousiaste de Descartes, il travailla de toutes ses forces à en répandre les idées en Angleterre, où il avait été envoyé comme missionnaire. C'est dans ce pays qu'il mourut.

Legrand est l'auteur d'un certain nombre d'ouvrages en français et en latin, dans lesquels il traite de la philosophie de Descartes.

GOSSELIN (Pascal-François-Joseph), célèbre géographe, naquit à Lille en 1750. Destiné au commerce, il fit en 1772 en Italie, en Espagne, dans les Pays-Bas, de nombreux voyages au cours desquels il s'appliqua à vérifier l'exactitude des itinéraires romains. Député de la Flandre en 1784 au conseil royal de commerce siégeant à Paris, il se vit confier une mission très sérieuse près de l'Assemblée nationale en 1789; l'année suivante, il entra dans l'administration du commerce. Mais il n'en perdait pas de vue pour cela ses travaux sur la géographie ancienne; en 1789, il remportait le prix dans un concours ouvert par l'Académie des Inscriptions sur *l'État comparé de la Science géographique sous Strabon et Ptolémée*, ce qui lui valut d'être admis dans cette savante compagnie deux ans plus tard.

Pendant la révolution, Gosselin fut chargé, en 1794, de la direction des travaux géographiques du bureau de la guerre; il fit partie de l'Institut dès sa formation. Conservateur du cabinet des médailles à la Bibliothèque nationale, il défendit avec énergie, en 1815, contre l'avidité des étrangers, les richesses confiées à sa garde.

Gosselin mourut en 1830. Ses ouvrages sur la géographie ancienne, qui se recommandent par une grande valeur au point de vue de la science, sont en outre des modèles de clarté et de style.

PRISSE (Louis-François-Joseph), né à Avesnes le 2 mars 1760, juriste distingué, fut d'abord poussé vers l'état ecclésiastique, auquel il préféra le barreau. Il fit toutes ses études au collège et à l'Université de Douai, et s'établit notaire à Givet. Quelque temps avocat à la prévôté d'Agimont, il fut nommé, le 16 juin 1790, secrétaire de l'administration du district de Rocroi, puis, le 4 novembre 1791, membre du directoire du département des Ardennes. Les rapports qu'il fit en cette qualité révèlent chez lui un rare talent d'administration. Quand le district de Couvin fut réuni à la France, le 8 mai 1793, Prisse fut chargé d'en préparer l'organisation juridique. Juge au tribunal du département, le 15 décembre 1795, il donna sa démission à la suite de quelques ennuis, malgré Merlin de Douai, qui l'appréciait et lui portait une haute estime. Dans la suite de sa carrière, il fut successivement avocat, substitut, juge d'instruction, procureur impérial, procureur du roi, puis encore juge d'instruction.

Doué d'une mémoire prodigieuse, c'était un juriste érudit, d'un jugement remarquablement sûr ; il était très fort notamment en droit ancien et nouveau et en droit canonique. Merlin, comme nous l'avons dit, l'avait remarqué.

Prisse est mort, le 20 septembre 1832, des suites d'une ancienne chute, dans laquelle il s'était fracturé l'épaule.

LEGLAY (André-Joseph-Ghislain), né à Arleux, en 1785, fut reçu docteur en médecine de la Faculté de Paris en 1812, et vint s'établir à Cambrai, où il séjourna 50 ans. Poussé par ses goûts vers les études historiques et archéologiques, il devint conservateur de la bibliothèque de Cambrai en 1828 et, sept ans plus tard, directeur des archives départementales du Nord. A la faveur de ses fonctions, il publia d'importants travaux sur la ville de Cambrai et le département du Nord, et quelques études littéraires.

Son fils Leglay (Édouard-André-Joseph), né à Cambrai en 1814, élève de l'École des Chartes, fut son continuateur comme archiviste et historien. Il remplaça son père à la bibliothèque de Cambrai, en 1835, quand celui-ci devint archiviste départemental, puis il fut nommé conservateur-adjoint des archives de la ville de Lille en 1837. Le passage de M. Leglay fils dans l'administration comme conseiller de préfecture, puis comme sous-préfet, successivement à Gex, à Moissac et à Libourne, n'arrêta pas ses travaux.

Collaborateur du *Dictionnaire de la Conversation*, de l'*Encyclopédie du XIXe siècle*, il est l'auteur d'une histoire de *Jeanne de Constantinople* (1841), des *Comtes de Flandre* (1843-44) et des *Fragments d'épopées du XIIe siècle* (1838).

M. Leglay a été décoré en 1852.

COQUELIN (Charles), célèbre économiste, né à Dunkerque en 1803, se destina d'abord au barreau. N'ayant pas réussi dans cette carrière, il fit paraître dans le journal le *Temps*, puis, après 1840, dans l'*Avenir*, des articles d'économie politique (1) qui attirèrent l'attention sur lui. Deux études remarquables, publiées en 1839, sur Quesnay et Turgot, marquèrent définitivement sa place parmi les économistes distingués de l'époque. Rédacteur dans la *Revue des Deux-Mondes*, puis dans le *Journal des Économistes*, Coquelin créa une société pour la liberté des échanges; la révolution de février 1848 en amena la dissolution. En 1848, pour combattre les doctrines socialistes qui se répandaient partout, il fonda un journal intitulé *Jacques Bonhomme*, qui ne dura que trois mois.

Quand il est mort, en 1852, Coquelin était directeur du *Dictionnaire d'économie politique*, qu'il n'a pas vu finir. Deux de ses ouvrages surtout ont conservé une réputation méritée: *Un traité de la filature mécanique* (1845); *Du crédit et des banques* (1848).

COUSSEMAKER (Charles-Edmond-Henri de), né à Bailleul en 1805, mort à Lille en 1876, compositeur distingué, est surtout pour le Nord une gloire locale par la nature de ses travaux

Tout en faisant son droit à Paris, Coussemaker suivait sur la musique et la composition les leçons de

---

(1) L'Économie politique est cette science qui traite de l'organisation, des conditions les meilleures, de la production, des résultats du travail dans la société humaine.

Reicha. Ses études terminées, il revint dans le Nord, se fit inscrire comme avocat stagiaire à Douai, puis devint juge de paix à Bergues, juge à Dunkerque, et enfin à Lille en 1858. Mais c'est par la manière dont il a utilisé ses loisirs de magistrat que Coussemaker s'est fait un nom. Il est connu par d'intéressants travaux sur l'archéologie musicale, par des compositions diverses, ouvertures, morceaux religieux, etc. Il fut membre de l'Académie royale de Belgique, de la Société d'archéologie de Paris, président du Comité de la langue flamande, membre, puis président du Comité des travaux historiques dans le département du Nord. Il a aussi fait partie du Conseil général de ce département.

Parmi ses principaux ouvrages, nous citerons : *Mémoires sur Hucbald et des Traités de musique, suivis de recherches sur la notation et les instruments de musique* (1841); *Notices sur les collections musicales de Cambrai et des autres villes du Nord* (1843); *Histoire de l'harmonie au moyen âge* (1852), couronné par l'Académie des Inscriptions et Belles-Lettres; *Chants populaires des Flamands de France, avec les mélodies originales* (1858); *Drames liturgiques au moyen âge* (1861); *Harmonistes des XIIe et XIIIe siècles* (1864), etc.

BRASSEUR DE BOURBOURG (Charles). — L'abbé Charles Brasseur de Bourbourg est né dans la petite ville de ce nom en 1814. Porté par ses goûts vers la culture des lettres, il écrivit d'abord, après son entrée dans les ordres, des romans et des contes d'une assez mince valeur. Une circonstance heureuse vint lui montrer sa voie. Ayant été mis, en 1840, en présence d'un voyageur qui avait rapporté du Mexique une riche collection de livres et d'objets d'art, il conçut le désir de se livrer à l'étude de l'antiquité américaine, de sa civilisation, de ses langues, tâche énorme à laquelle il s'appliqua avec une rare persévérance. Pour compléter ses recherches, il fit au Mexique et dans l'Afrique centrale plusieurs voyages qui lui permirent de rassembler une grande quantité de documents. En 1859, notamment, il parcourut le Mexique, l'isthme de Téhuantépec, les États de Chiapa, Guatemala, et y recueillit une ample moisson d'objets anciens et de manuscrits précieux. En 1864, il retourna dans le Yucatan comme membre de la Commission scientifique du Mexique, mais fut arrêté par les maladies. A son retour, il passa par l'Espagne afin d'obtenir la communication du *Troano* (ainsi nommé de son propriétaire *Juan de Troy Ortolano*), célèbre manuscrit dont il publia une traduction.

Une nouvelle mission avait été confiée à Brasseur en 1872, mais elle fut traversée par les événements politiques dont l'Espagne était alors le théâtre. Revenu en France, le savant archéologue travaillait, sur les indications du savant espagnol *Tomas Munoz*, à un catalogue des documents ayant trait à l'histoire d'Amérique et conservés en Espagne, lorsqu'il mourut à Nice en 1874.

L'abbé Brasseur a rassemblé les résultats de ses recherches dans de remarquables ouvrages représentant une somme considérable de travail.

BARNI (Jules-Romain), philosophe et homme politique, est né à Lille, en 1818. Élève de l'École normale supérieure en 1837, professeur de philosophie successivement à Reims et à Paris, Barni fut secrétaire de Cousin de 1841 à 1842. Il redevint ensuite professeur à Rouen et prit son grade de docteur-ès-lettres. Après le coup d'État, il aima mieux quitter sa chaire que de prêter serment à l'Empire.

Depuis 1848, Barni collaborait déjà à la *Liberté de penser*; il écrivit ensuite dans l'*Avenir* (1851 à 1855), et dans la *Revue de Paris* (de 1854 à 1857). Il obtint en 1860 une chaire de professeur de philosophie et d'histoire à l'Académie de Genève, et fut un des membres les plus actifs du Congrès de la paix, qui se réunit à la fin de l'Empire. C'est de la période de 1850 à 1870 que datent les plus beaux ouvrages de Barni : *Philosophie de Kant; Examen de la critique du jugement* (1850); *Examen des fondements de la physique des mœurs et de la critique de la raison pure* (1851); *Les Martyrs de la libre pensée* (1862); *Napoléon et son historien Thiers* (1865); *Histoire des idées morales et politiques en France au XVIIIe siècle* (1865-66), ouvrage d'une haute valeur, etc...; *Napoléon Ier* (1870). En outre, on lui doit des traductions nombreuses d'écrits du célèbre philosophe allemand dont il s'est attaché à faire connaître et à répandre les idées.

Le gouvernement de la Défense nationale fit rentrer Barni dans l'Université en le nommant inspecteur général. Mais la politique l'attira bientôt ; lui qui avait souffert pour la cause de la liberté, ne pouvait rester indifférent aux luttes dont elle était l'objet. Élu député de la Somme le 9 mai 1872 contre M. Cornuau, ancien préfet, Barni soutint Thiers au 24 mai 1873, fit partie de l'opposition républicaine contre le ministère de Broglie, vota contre la loi sur l'enseignement supérieur libre, et pour la Constitution de 1875. Réélu en 1876, il siégea à la gauche avancée et fut président de la Commission de la loi d'abrogation des jurys mixtes dans les examens de l'Enseignement supérieur.

Malgré l'activité de cette dernière période de sa vie, Barni a trouvé le temps de publier un *Manuel républicain* (1872) ; une *Étude des moralistes français au XVIIIe siècle, Vauvenargues, Duclos, Helvétius, Saint-Lambert, Volney* (1873).

Barni est mort en 1878.

DEFRÉMERY (Charles), célèbre orientaliste, est né à Cambrai en 1822. Il apprit l'arabe et le persan avec Caussin de Perceval et Quatremère, puis se livra à l'étude des histoires de l'Orient. Collaborateur du *Journal asiatique de Paris*, il y publia des articles de la plus grande valeur, dont les plus importants ont été réunis par lui sous le titre de *Mémoires d'histoire orientale* en 1854. On doit à M. Defrémery la traduction de nombreux ouvrages historiques de Mirkoud, le premier volume des « historiens orientaux des Croisades (1872), » ouvrage publié en collaboration avec le baron Slave ; les *Opinions singulières des Musulmans* (1872) ; *Examen de la nouvelle édition de Noël Dubail* (1875). Le mérite des beaux ouvrages de M. Defrémery ne pouvait manquer de lui faire une place distinguée dans le haut enseignement. Il fut nommé en 1869 directeur des études pour le persan et les langues scientifiques à l'École des hautes études ; la même année, l'Institut (Académie des Inscriptions et Belles-Lettres) lui ouvrit ses portes.

Professeur suppléant d'arabe au Collège de France, il devint titulaire de sa chaire en 1871. Il était en même temps membre de la Société asiatique et correspondant de l'Académie de Saint-Pétersbourg.

M. Defrémery est mort en 1883.

2° DANS LES SCIENCES

LEROY (Jacques-Agathante), né à Maubeuge en 1734, entra au monastère de la Trappe à la suite d'un violent chagrin d'amour, mais n'y resta qu'un an. Ayant étudié la médecine et la pharmacie, il fit, comme médecin militaire, les campagnes de la guerre de Sept Ans et devint même médecin en chef. Au cours d'une expédition à Cayenne, il montra le plus grand dévouement dans une épidémie qui décima les troupes. Il exerça ensuite la médecine à Paris, puis à Dunkerque pendant la Révolution. Il mourut à Paris en 1802.

Sa charité et son dévouement pour les déshérités de la fortune lui valurent le nom de médecin des pauvres.

WELTER (Jean-Joseph), né à Valenciennes en 1763, est l'inventeur de plusieurs appareils de chimie, entre autres du tube de sûreté qui porte son nom. Ami de Gay-Lussac et son collaborateur dans plusieurs travaux importants, il a publié, dans les *Annales de chimie et de physique*, d'intéressants mémoires sur la combinaison du chlore avec la chaux, sur un acide nouveau formé de soufre et d'oxygène, sur les soudes et les sels de soude du commerce, sur la chaleur dégagée par un gramme d'oxygène brûlant dans diverses substances.

Welter est mort correspondant de l'Académie, en 1852.

ARNOUX (Claude), célèbre ingénieur, est né au Cateau en 1792. Élève de l'École polytechnique en 1811, officier d'artillerie à sa sortie, il donna sa démission le 16 juillet 1815 pour entrer dans le génie civil, et fut chargé un peu plus tard d'un cours de sciences à l'École centrale. En 1839, il remportait le prix de mécanique de l'Institut.

Arnoux est surtout connu pour avoir inventé le système de trains articulés employés sur les lignes de Paris à Sceaux, et à Orsay et Limours. On sait sans doute que, pour l'ordinaire, les roues de wagons de chemins de fer sont jumelles, c'est-à-dire soudées à l'essieu, et qu'elles sont animées deux à deux du même mouvement. Dans le matériel imaginé par Arnoux, les roues tournent, au contraire, indépendantes l'une de l'autre et de l'essieu; en outre, les wagons sont attelés par des timons rigides faisant corps avec les essieux, mobiles eux-mêmes autour d'une cheville ouvrière. Cette disposition permet aux trains de parcourir des courbes de 50 et même 30 mètres de rayon.

Le 6 septembre 1844, M. Arnoux obtint la concession pour 50 ans du chemin de fer de Sceaux, qui fut inauguré le 7 juin 1846. Administrateur du chemin de fer de Strasbourg de 1845 à 1852, puis de la Compagnie générale des Voitures parisiennes, M. Arnoux est mort en 1866.

On lui doit plusieurs ouvrages estimés sur les chemins de fer, notamment sur un *système de voitures de chemins de fer de toute courbure*.

SCOUTETTEN (Robert-Joseph-Henri), chirurgien militaire, né à Lille en 1799, mort à Metz en 1870, entra à 17 ans dans le service militaire de santé. Aide-major en 1822, major en 1832, il fut envoyé en Algérie. Il était médecin en chef de l'hôpital militaire de Metz depuis 1852, quand il fut adjoint au service médical de l'armée d'Orient. La campagne de Crimée lui valut la rosette d'officier de la Légion d'honneur. Scoutetten, de retour à Metz, devint membre de la Société des sciences médicales de la Moselle et correspondant de l'Académie de médecine. Il est l'auteur d'un grand nombre d'ouvrages médicaux et de mémoires estimés.

LECOQ (Henri), célèbre naturaliste, né à Avesnes en 1802, appartient au département du Nord par sa naissance, mais au centre de la France par les beaux travaux qui ont rendu son nom illustre. Après avoir terminé ses études de médecine et de pharmacie à Paris, et s'être fait recevoir docteur en 1827, il alla se fixer à Clermont-Ferrand, où il devait laisser tant de souvenirs. Pharmacien, professeur d'histoire naturelle à la Faculté des sciences de cette ville, il fonda, dès 1828, les *Annales scientifiques, littéraires et industrielles de l'Auvergne*, qu'il rédigea presque seul; elles eurent un grand succès.

A ses fonctions de professeur, Lecoq ajouta successivement celles de conservateur du cabinet de minéralogie, de directeur du jardin botanique de Clermont. Du merveilleux cabinet de minéralogie, qui lui doit sa création, il fit, en y ajoutant par la suite des collections de plantes, de coquillages, d'oiseaux, d'échantillons géologiques de l'Auvergne, le riche *Musée Lecoq*, qu'à sa mort il légua à la ville avec une somme de 150,000 fr. Le jardin botanique, non moins remarquable, lui doit presque autant et porte aussi son nom; il y a organisé des écoles de « botanique, d'arbres à fruits (à noyaux et à pépins), de plantes potagères et d'ornement, » et il en a assuré l'entretien par un legs de 50,000 francs.

Nommé plus tard doyen de la Faculté des sciences, Lecoq devint aussi correspondant de l'Académie des sciences, président du tribunal de commerce de Clermont. Il a écrit de nombreux et savants ouvrages sur la botanique, la géologie, la chimie et l'agriculture; il a collaboré avec distinction à des publications importantes, notamment au *Dictionnaire de chimie de Brismontière*, aux *Observations sur les volcans de l'Auvergne*, par L. de Buch. Il a beaucoup étudié le Massif central et a contribué à le faire connaître. Les échantillons qu'il a recueillis au sujet de ses études sont pour une large part dans la composition du beau musée dont nous avons parlé tout à l'heure.

Henri Lecoq est mort à Clermont en 1871. La ville, reconnaissante envers le savant et généreux professeur, a fait élever son buste, sculpté par Halonnax, dans le Jardin botanique.

LECOQ (Félix), frère de Henri Lecoq, né à Avesnes en 1805, fut élève de l'Ecole vétérinaire d'Alfort, qu'il quitta en 1825. Il entra à celle de Lyon, en 1828, comme chef de service, y devint professeur en 1834, directeur en 1848. L'Académie de Lyon lui ouvrit ses portes trois ans plus tard. Félix Lecoq remplit ensuite les fonctions d'inspecteur général des Ecoles vétérinaires pendant deux ans, de 1863 à 1865, après quoi, ayant pris sa retraite, il se retira à Versailles.

On lui doit quelques ouvrages de valeur sur l'art vétérinaire, et des articles appréciés dans le *Dictionnaire général de médecine et de chirurgie vétérinaire*.

MALLET (Alfred), savant industriel, né à Lille en 1813, fut d'abord professeur de physique au collège de Saint-Quentin, de 1835 à 1842. Il fut tellement émerveillé des prodiges que pouvaient produire les sciences appliquées aux arts et à l'industrie, qu'il quitta l'enseignement pour se faire industriel. Frappé de la grande quantité d'acide sulfurique qu'il fallait employer pour l'absorption de l'ammoniaque se dégageant de la houille avec le gaz d'éclairage, M. Mallet eut l'idée de se servir, pour l'épuration du gaz, de solutions de sulfate de fer ou de chlorure de manganèse. En décomposant l'acide sulfhydrique, l'acide carbonique et l'ammoniaque dont elles dépouillent le gaz d'éclairage, elles donnent lieu à du sulfate ou à du chlorydrate d'ammoniaque soluble, à du carbonate de fer ou de manganèse, et à un sulfure liquide. Outre le but atteint, qui était l'absorption de l'ammoniaque et de deux autres acides, il se forme des produits qui ont leur emploi dans l'industrie. M. Mallet songea des premiers à les utiliser aussi dans l'agriculture, et parvint à donner une valeur commerciale aux eaux de condensation des usines à gaz, pour lesquelles elles étaient précédemment un très grand embarras.

Administrateur de plusieurs sociétés industrielles, M. Mallet obtint une médaille de 1re classe à l'Exposition universelle de 1855, avec l'importante usine de produits chimiques qu'il dirigeait alors à Belleville.

SCRIVE (Gaspard-Léonard), né à Lille en 1815, fit ses études médicales à l'hôpital militaire d'instruction de Lille, où il fut quelque temps sous-aide. Envoyé à Lyon pendant le choléra de 1834, il s'y distingua, et son mérite le fit appeler au Val-de-Grâce comme aide-major et prosecteur. Il prit son doctorat en 1837. Après un court séjour en Algérie, il obtint au concours la place de professeur de médecine opératoire à l'hôpital de Lille. Chirurgien-major de 2e, puis de 1re classe, successivement à Lille, à Valenciennes, médecin principal en Afrique, Scrive fut nommé médecin en chef de l'armée d'Orient; il s'honora dans ces hautes fonctions par une habileté, un courage, un dévouement au-dessus de tout éloge. De retour à Paris, il fut chargé des fonctions honorifiques de médecin-inspecteur, à la faveur desquelles il devait trouver un repos dont il avait le plus grand besoin. Mais sa santé était profondément ébranlée; il succomba aux suites des fatigues essuyées pendant la guerre d'Orient. Il n'avait que 46 ans.

Scrive a laissé quelques bons écrits sur la médecine militaire.

V. — ARTISTES

1° PEINTRES

VAILLANT (Wallerant), peintre distingué, né à Lille en 1623, fut élève d'Erasme Quellyn, d'Anvers. Bon coloriste, comme le sont généralement les peintres du Nord, il acquit en outre une grande habileté comme dessinateur et se confina dans le portrait, où il ne tarda pas à exceller. Étant allé à Francfort pendant le couronnement de l'empereur Léopold, il fit de ce prince un portrait tellement frappant que tous les personnages de la cour, tous les princes de l'Allemagne voulurent avoir leurs portraits peints par lui. Le duc de Grammont, qui avait assisté aux fêtes du couronnement, attira Vaillant en France; sa vogue n'y fut pas moindre qu'en Allemagne quand il eut livré à l'admiration publique ses beaux portraits de la reine, de la reine-mère et du duc d'Orléans : il fut de mode à la cour de se faire peindre par Vaillant. Après être resté quatre ans en France, où son talent avait été justement apprécié, l'artiste alla se fixer à Amsterdam et y resta jusqu'à sa mort (1677).

Pendant son séjour à Amsterdam, Vaillant s'essaya, le premier, dans un genre dont le prince Rupert de Bavière lui avait révélé le secret, sous la condition de ne pas le divulguer : la *gravure à la manière noire* (1), et s'y fit une réputation méritée. Toutefois, ce secret lui fut enlevé. Il avait confié la préparation de ses planches à un vieillard dont le fils était entré aussi chez lui comme domestique. Celui-ci parvint, en menaçant son père de se livrer à la débauche, à se faire montrer les planches, les outils, ainsi que la manière de s'en servir, et, quand il eut le secret en sa possession, il ne songea plus qu'à le vendre à qui voulut l'acheter. Au surplus, l'argent qu'il acquit si mal ne lui profita pas, car l'inconduite le réduisit à la misère.

Outre les beaux portraits que nous avons cités de Vaillant, nous devons citer ceux de *Jean-Philippe*, archevêque-électeur de Mayence ; de *Charles-Louis*, comte palatin ; de sa femme *Sophie*; du prince *Rupert* et de l'artiste lui-même. Il a laissé aussi 17 gravures noires de sa composition, et 21 reproductions d'après différents maîtres.

Trois de ses frères, nés comme lui à Lille, s'illustrèrent aussi, *Bernard* et *Jacques* dans le dessin et la peinture de portraits, *André* comme graveur.

MONNOYER ou **MONOYER** (Jean-Baptiste), dit *Baptiste*, célèbre peintre de fleurs, est né à Lille en 1635 et mort à Londres en 1699. Il alla fort jeune à Paris, où il attira l'attention par sa grande habileté à représenter les fleurs et les fruits. Dès 1665, c'est-à-dire à trente ans, il était reçu membre de l'Académie. Un riche Anglais, lord Montague, qui avait eu l'occasion d'admirer le talent de Monoyer, l'emmena en Angleterre et lui confia la décoration du grand salon, de l'escalier et d'une partie des appartements de son hôtel. Les œuvres que Monoyer exécuta, en collaboration avec Lafosse et avec Rousseau (célèbre par son habileté à rendre la perspective), se distinguent par l'heureux groupement des fleurs, le goût qui a présidé à leur

---

(1) La gravure à la manière noire consiste à tracer l'épreuve sur une plaque de cuivre préalablement granulée et noircie, en enlevant complètement le grain et le noir dans les parties claires, plus légèrement dans les demi-teintes et dans les parties plus ou moins ombrées. C'est un procédé inverse de la gravure ordinaire, qui trace en noir sur du blanc.

disposition, la fraîcheur du coloris. On pourrait trouver dans des œuvres analogues plus de fini, mais non plus de vérité. Comblé de bienfaits par lord Montague, Baptiste, comme on appelait Monoyer dans le monde artistique, consentit, sur ses instances, à se fixer à Londres. Lafosse lui demanda d'ornementer ses portraits : Baptiste en dessinait le fond et le composait de fleurs qui produisaient le plus bel effet. Il a laissé des dessins, que l'on trouve surtout en Angleterre, et qui réunissent le moelleux des tons à une grande finesse de touche. Ses estampes sont très recherchées des amateurs.

Le Louvre a de cet artiste huit tableaux reproduisant des vases de fleurs.

L'un des fils de Baptiste, *Antoine*, a été aussi peintre de fleurs et est devenu membre de l'Académie en 1704, mais n'a pas acquis sa réputation.

WATTEAU (Antoine), célèbre peintre français, est né à Valenciennes le 10 octobre 1684. Fils d'un couvreur qui ne contraria pas ses goûts, le jeune Watteau fut placé chez un peintre sur le talent et même le nom duquel les biographes restent muets, bien que, suivant d'aucuns, il ait été appelé à Paris pour travailler aux décors de l'Opéra. Quoi qu'il en soit, Watteau vint à Paris, avec ce maître ou de sa propre initiative, et se mit en pension chez un peintre du pont Notre-Dame, nommé Métayer, où il trouva plusieurs jeunes gens comme lui ; reconnu vite le plus habile de la troupe, Watteau gagna trois livres par semaine et « la soupe tous les jours. » Ce n'était pas encore là précisément la fortune ; aussi Watteau resta-t-il peu de temps dans cette maison, et préféra-t-il faire pour son compte de petits tableaux qu'il vendait 20, 15 et même 6 francs pièce, suivant que la gêne lui permettait d'en attendre le prix plus ou moins longtemps. Élève de Claude Gillot, puis de Claude Audran, peintre d'ornements, il les surpassa tous deux : son premier tableau de valeur, *Un Départ de Troupes*, avait été jugé assez froidement par Audran ; mais un marchand, nommé Sirois, lui en offrit 60 livres et le fit reproduire à la gravure par Cochin. L'avenir commençait enfin à se lever pour Watteau ; Sirois lui paya 200 livres une *Halte d'Armée*, faite pour servir de pendant au *Départ de Troupes*, et que Cochin grava également.

En 1709, le jeune artiste concourut pour le grand prix de Rome : il n'obtint que le second avec *David accordant le pardon à Abigaïl qui lui apporte des vivres*. Après avoir étudié quelque temps à Valenciennes, il exposa à l'Académie de peinture deux tableaux « pour supplier ces messieurs de l'Académie de solliciter en sa faveur une bourse du roi à Rome. » Ils y firent sensation, et l'académicien Lafosse tint à se faire présenter l'auteur. « Vous en savez plus long que nous, lui dit Lafosse; ce serait un grand honneur pour notre Académie de vous compter parmi les siens; présentez-vous, vous serez admis. » Le délicieux tableau, *Embarquement pour l'île de Cythère*, qui se voit au Louvre, fit en effet entrer Watteau à l'Académie de peinture, le 28 août 1717; il n'avait que 33 ans. Désormais sa vogue fut considérable; les commandes affluèrent. D'ailleurs, il comptait des amis qui n'avaient pas attendu cet événement pour devenir ses admirateurs. Un marchand de tableaux, fin connaisseur, Gersaint, gendre de Sirois, s'était lié avec lui; Crozat, de Julienne, l'abbé de La Roque, le comte de Caylus ne lui ménagèrent ni leur protection, ni leurs encouragements.

Malheureusement, les jours de l'artiste étaient comptés; il était déjà aux prises avec une maladie de poitrine qui l'empêcha de séjourner en Angleterre, où il était allé dans cette intention en 1720. Après son retour, il ne fit plus guère que languir, ne travaillant que par intervalles, quand ses souffrances lui en laissaient le loisir. Sur les conseils des médecins, il essaya de chercher quelque soulagement dans le séjour de la campagne et s'établit à Nogent-sur-Marne; il y mourut le 18 juillet 1721. Il léguait tous ses tableaux à Gersaint, à de Julienne, à Hénin et à l'abbé Baranger, qui payèrent ses dettes et lui firent élever un monument funèbre.

Watteau a excellé dans la reproduction des scènes champêtres. Il se distingue par son coloris plein de vérité, par son dessin correct et facile, par la naïve expression de ses figures, en général par l'originalité; on ne peut dire, en effet, que Watteau appartienne à une école de son temps. La gaîté de ses compositions contrastait singulièrement avec son caractère sombre, inconstant, aigri par sa maladie de poitrine et par une extrême sensibilité de nerfs, résultat d'une souffrance presque continuelle.

L'œuvre qu'a laissée Watteau est importante. Outre l'*Embarquement pour l'île de Cythère*, dont une gravure par Chaplin figura au Salon de 1804, le Louvre possède dix de ses tableaux depuis la donation de La Caze; le plus grand nombre des autres appartient à des amateurs. Il faut y ajouter huit morceaux à l'eau forte, gravés d'une pointe très spirituelle, se recommandant par la liberté, la grâce, la légèreté du dessin.

Très appréciée jusqu'à la Révolution, la peinture de Watteau tomba dans un discrédit qui dura pendant près de la moitié du dix-neuvième siècle; sa grâce parut fade à une société qui s'était prise à ne plus admirer que l'antique. De nos jours, la faveur des amateurs lui revient justement.

On a raconté que Watteau, quand il voulait peindre un personnage jovial, lui donnait la figure du curé de Nogent-sur-Marne. Lorsque celui-ci lui porta les derniers sacrements à son lit de mort : « Comment un artiste, aurait dit Watteau en repoussant le Christ, a-t-il pu représenter aussi mal les traits d'un Dieu? »

PATER (Jean-Baptiste-Joseph), né à Valenciennes le 29 décembre 1695, peintre, fils d'un sculpteur sur bois, vint à Paris suivre les leçons de Watteau, mais, rebuté par le caractère difficile de ce maître, ne put rester avec lui. Pourtant Watteau, regrettant ses vivacités et sa dureté, le rappela près de lui à Nogent-sur-Marne. Pater n'y revint que pour assister aux derniers moments du grand artiste, qui mourut au bout d'un mois (juillet 1721).

Pater montrait les plus heureuses dispositions; on appréciait son coloris facile; mais, éprouvant le besoin de gagner beaucoup, il eut le tort de vouloir produire trop et trop tôt, de sorte qu'il resta dans le médiocre pour n'avoir pas assez poussé ses études. Il peignit un grand nombre de dessus de portes, de cartouches, de scènes de buveurs, d'amusements champêtres, de bambochades, etc. Si le coloris est agréable, le dessin, maniéré, manque de correction et d'élégance. Pourtant ses tableaux, longtemps délaissés, sont assez recherchés aujourd'hui. Les principaux sont : *Une Fête champêtre* (au Louvre), qui lui ouvrit, le 31 décembre 1728, les portes de l'Académie de peinture; *Arrivée des Comédiens dans la ville du Mans* (emprunté à un roman comique de Scarron); *Tente des Vivandiers*, etc.

Pater est mort à Paris le 25 juillet 1736.

DESCAMPS (Jean-Baptiste), né à Dunkerque en 1714, se livra malgré sa famille à l'étude du dessin et de la peinture, d'abord avec Coypel, son oncle, puis avec Largillière. Appelé à travailler aux tableaux du sacre de Louis XV, il fut encore chargé de retracer dans une série de dessins les incidents d'un voyage que ce roi fit au Havre. La ville a conservé cette œuvre de Descamps, gravée par Lebas.

Attiré à Rouen par la municipalité, qui se préoccupait d'établir un enseignement des beaux-arts, Descamps se fixa dans cette ville et y fonda une école de dessin dont il resta le directeur jusqu'à sa mort (30 juillet 1791). Son fils le remplaça à la tête de l'école.

On a de Descamps, outre les dessins sur le voyage de Louis XV, quelques tableaux du genre flamand, représentant des scènes villageoises. Mais il est plus connu par deux ouvrages d'un certain mérite : *Vies des peintres flamands, allemands et hollandais* (1753-1763, 4 volumes), livre mal écrit, inexact par place, mais rempli de détails intéressants ; *Voyage pittoresque de la France et du Brabant* (1769).

MASQUELIER (Louis-Joseph), graveur, né à Cysoing le 21 février 1741, fut, très jeune, élève du célèbre graveur Lebas à Paris. « Plein de goût et d'application, Masquelier sut rendre sa pointe en même temps légère, ferme et brillante (1). » Après avoir travaillé d'abord sous la direction de Lebas, Masquelier quitta son maître et ne tarda pas à se faire connaître avantageusement par la reproduction d'une

---

(1) Dubos.

Marine de Joseph Vernet. Il grava ensuite les *Travaux de la Suisse*, avec Née, élève comme lui de Lebas, puis, pour son compte particulier, *Garants de la félicité publique*, *Vœux du peuple confirmés par la Religion* (Monnet), *Deux grandes rues d'Ostende* (Lemet.)

L'un des premiers, Masquelier a réussi d'une manière remarquable dans la gravure imitant le lavis. Aucun genre ne lui est resté étranger : il a reproduit avec un égal bonheur des paysages, des marines, des scènes historiques. On lui doit aussi quelques planches de sa propre composition. Mais son grand titre de gloire, c'est la *Galerie de Florence*, publication destinée à faire connaître les chefs-d'œuvre de cette ville, et dont il prit la direction. A l'exposition des vingt-trois premières livraisons, le gouvernement décerna à Masquelier une médaille d'or (1802). L'artiste ne vit pas la fin de ce grand travail : une attaque d'apoplexie l'emporta le 26 février 1811, comme il s'occupait des dernières livraisons.

Son fils, *Charles-Louis*, remporta le grand prix de la gravure en 1805 et se distingua aussi dans cet art.

MASQUELIER (Nicolas-François-Joseph, dit le Jeune), né au Sars, près de Lille, le 20 décembre 1760, parent de Louis-Joseph, était fils d'un jardinier. Son aptitude précoce pour le dessin le fit remarquer d'un riche amateur, M. Fourmestraux d'Hollebecque, par la protection duquel il suivit, à l'Académie de Lille, les leçons de Guéret et de Watteau. Ayant remporté les grands prix de l'école, il fut envoyé à Paris aux frais de son protecteur et de la ville de Lille ; élève de son parent, il se perfectionna dans le dessin et se livra aussi à la gravure. Parmi les œuvres qu'il reproduisit, nous citerons plusieurs planches du *Musée français*, de Robillart, l'*Intérieur d'un corps de garde hollandais*, de Leduc, *César jetant des fleurs au tombeau d'Alexandre* (Seb), l'*Extrême-Onction*, de Jouvenet. Mais sa touche molle manque un peu de netteté et de couleur et met ses œuvres au-dessous de celles de son parent.

Masquelier le Jeune est mort phtisique le 20 juin 1809.

WICAR (Jean-Baptiste), célèbre peintre, né à Lille le 22 février 1762, était fils d'un ouvrier menuisier, qui le destinait à la même profession. Mais, ayant un jour accompagné son père pour un travail quelconque chez M. d'Hespel d'Haubourdin, l'enfant fut enthousiasmé à la vue des riches tableaux qu'il vit au point d'en oublier le rabot et le vilebrequin pour reproduire à la craie les figures de ces tableaux. Cela ne faisait pas le compte du père, qui eût probablement coupé court à de semblables distractions, si M. d'Hespel, frappé des dispositions du jeune apprenti, n'eût facilité son admission à l'école de dessin de Lille. Le nouvel élève profita merveilleusement des leçons qu'il y reçut et copia la plupart des tableaux des collections de Lille. Le célèbre sculpteur Roland, qui l'avait remarqué, le fit venir à Paris, dont les libéralités de sa ville natale lui facilitèrent le séjour, et le présenta au grand peintre David.

Sous un pareil maître, les progrès de Wicar continuèrent. Plein de reconnaissance pour la ville de Lille, il lui envoya d'abord une copie au crayon de *La Vierge aux Cerises*, de Louis Carrache, des *Sept Diacres*, de La Mire, puis, en 1784, une peinture que l'on admire au musée de Lille : *Joseph expliquant les Songes de Pharaon*.

L'année suivante, David, dont il était l'un des élèves préférés, l'emmena en Italie, et le chargea de copier les merveilles artistiques du Palais Pitti, à Florence. Wicar, quand il revint à Paris, y apporta 400 dessins, les copies de 300 camées, de 90 bustes, de 50 portraits. Aux approches de la Révolution, il retourna à Florence et se fixa définitivement en Italie. Il n'oublia pas sa patrie pour cela, ni surtout sa ville natale ; en 1792, après le glorieux siège de Lille, il envoya au comité des secours pour les veuves et les orphelins une offrande généreuse, que David déposa, le 6 mars 1793, à la Convention.

Wicar fit partie de la commission chargée par Bonaparte de faire choix des chefs-d'œuvre italiens dont le vainqueur de Castiglione et de Rivoli désirait enrichir nos musées nationaux ; on conserve, au musée de Lille, la lettre du 22 prairial an IV que le général adressa à ce sujet à Wicar. Néanmoins l'artiste, n'acceptant pas les idées politiques qui aboutirent au Consulat, aima mieux résider à Rome que de revenir en France. Il fut, à partir de 1801, professeur à l'Académie de Saint-Luc, et ne montra pas moins d'érudition que de talent artistique.

C'est pendant son séjour dans la ville éternelle que Wicar a peint ses plus beaux tableaux : *Electre ou la Charité Romaine*, qui fit sensation ; *Souvenir du Concordat* (1806), œuvre remarquable ; *Résurrection du Fils de la veuve de Naïm* (1816). Cette dernière toile, bien que cotée le chef-d'œuvre de Wicar, ne trouva pas d'acquéreur. On lui doit aussi des portraits de Joseph Napoléon, de Murat, de Lannes, de Salicetti, etc., et divers autres tableaux ; *Oreste, Pylade et Electre* est le dernier dans lequel il ait tracé un sujet historique.

En 1815, Wicar, grâce à l'amitié de Casanova, avait réussi à conserver quelques chefs-d'œuvre à la France lors du pillage de nos musées par les alliés.

Ce grand artiste mourut à Rome le 27 février 1834. Il léguait à la ville de Lille, outre une collection de cartons d'une inappréciable valeur, dont on a fait le musée Wicar, le capital nécessaire pour assurer le payement de frais de séjour et d'études à Rome à trois jeunes Lillois qui se seraient distingués aux écoles académiques dans les sections de peinture, de sculpture, d'architecture.

ABEL DE PUJOL (Alexandre-Denis), peintre d'histoire, est né à Valenciennes en 1785. Élève de David, il remporta en 1811 le grand prix de Rome.

Parmi les œuvres qu'on lui doit, les plus remarquables sont : *La mort de Britannicus*, peinte en 1814, qui se voit au musée de Dijon ; *Saint Étienne prêchant l'Évangile* (1817), à Saint-Étienne-du-Mont, Paris ; *la Vierge au Tombeau* (1819), à Notre-Dame de Paris; *Joseph expliquant les Songes* (1822), au musée de Lille; *La Prise du Trocadéro* et *la Clémence de César*, au musée de Valenciennes ; *Le Baptême de Clovis*, dans la cathédrale de Reims ; *Germanicus sur le champ de bataille de Teutberg*, au musée de Douai ; *Harlay devant ses juges*, au musée de Versailles ; des *grisailles*, imitant le relief à s'y méprendre, à la Bourse de Paris ; les *fresques de la chapelle Saint-Roch*, à l'église Saint-Sulpice, etc.

Membre de l'Institut en 1835, comme successeur de Gros, Abel de Pujol est mort en 1861.

DUCORNET (Louis-César-Joseph), venu au monde sans bras à Lille en 1806, mort en 1856, a prouvé par son exemple ce que peut une volonté puissante pour suppléer à des imperfections naturelles. Grâce à son application, à sa persévérance, il parvint à manier à l'aide de ses pieds le crayon et le pinceau avec une dextérité qui tenait du prodige. Pour ménager la délicatesse de ses pieds, qu'il transformait en quelque sorte en mains, il s'astreignit à ne marcher que le moins possible ; quand il voulait dessiner ou peindre, son père le portait sur un échafaudage placé en face de son chevalet ; il l'en descendait de même.

Admis à l'école académique de Lille, en 1819, Ducornet y remportait dès l'année suivante une médaille de deuxième classe, un premier prix en 1822, et, sur la recommandation de Gérôme, il était désigné en 1824 pour venir étudier à Paris, comme titulaire d'une bourse royale de 1,200 francs, augmentée d'une pension de 300 francs, que lui faisait la ville de Lille. Ducornet acheva de se fortifier dans l'atelier de Lethière, et d'acquérir un talent qui lui valut la réputation d'un de nos artistes les plus distingués. On loue beaucoup la richesse de son coloris.

Ses œuvres principales sont : *Les marchands d'Esclaves* (1833, au musée d'Arras) ; *Marguerite consultant une fleur pour savoir si elle est aimée de Faust* (1834) ; *Apparition du Christ à Madeleine* (1835) ; *Le Repos de la sainte Famille en Égypte* (1841) ; *Saint Denis prêchant dans les Gaules* (1846, à l'église de Saint-Louis-en-L'Ile) ; *Vision de sainte Philomène* (1846, à l'église de Saint-Riquier, Somme), un de ses meilleurs tableaux ; *Le Nid de Mésanges* (1848) ; *Portrait du général Négrier* (1849), au musée de Lille ; *La belle Édith* (1855, au château de Compiègne.)

2° SCULPTEURS

BOLOGNE (Jean de), sculpteur, né à Douai en 1524, était destiné par sa famille au notariat ; une vocation plus forte l'entraîna vers les arts. Après avoir reçu des leçons de son compatriote *Jacques Beuch*, statuaire, il partit pour Rome et recourut aux conseils de Michel-Ange. Jean de Bologne, parvenu à la vieillesse, aimait, parait-il, à raconter qu'un jour, ayant montré à Michel-Ange une composition qu'il avait terminée avec soin, le grand artiste lui dit : « *Orva! prima ad 'imperare a bozzare; e poi a finire.* » (Apprends donc à ébaucher avant de finir.) Et, tout en parlant, il apporte dans les traits de la figure, par quelques coups de ciseau, un changement qui leur donne un air de noblesse remarquable.

Après deux ans de séjour à Rome, Jean se mit en route pour son pays natal. En passant à Florence, il y fut retenu par Bernardo Vecchietti, gentilhomme dont il avait fait la connaissance, pour y étudier les œuvres de Michel-Ange. Il se fixa donc pour quelque temps dans cette ville, et, à l'école des œuvres de cet incomparable génie, il fit des progrès rapides, qui excitèrent vivement la jalousie de ses rivaux. Jean de Bologne a puisé dans l'étude de Michel-Ange quelques-unes des qualités de ce grand maitre. Très versé, comme lui, dans la connaissance de l'anatomie, le sculpteur flamand a excellé dans la représentation du nu ; les muscles sont accusés avec force, ainsi que les os. Ses compositions aux vastes proportions sont pleines de grandeur et de hardiesse ; les qualités saillantes des autres sont la grâce et la légèreté. Il fut à Florence le chef d'une école qui acquit une immense réputation. Il a laissé dans cette ville : *Samson vainqueur des Philistins* ; *Deux enfants occupés à pêcher* ; *Florence victorieuse* (figure colossale) ; *Jupiter pluvieux ou l'Apennin* ; *Soldat romain enlevant une Sabine* ; *Mercure*, pour les Médicis, morceau admirable.

Appelé à Bologne, Jean s'y maria ; c'est en cette circonstance qu'il ajouta le nom de cette ville au sien en se faisant appeler *Giovanni Bologna* ou *Giam Bologna*. C'était peut-être oublier un peu trop sa ville natale de Douai. Au moins se montra-t-il toujours affectueux et dévoué pour les nombreux élèves qui lui vinrent de son pays, et parmi lesquels il faut rappeler *Francheville*.

Jean a fait pour Bologne la *Fontaine* de la place majeure, *Neptune*, quatre *Sirènes*; pour le roi Henri IV *Esculape* (à Meudon), *Amour et Psyché* (à Versailles), la *statue de Henri IV* sur le Pont-Neuf, qu'a achevée son élève *Taffa*, et qui a été détruite à la Révolution.

Jean de Bologne est mort en 1608.

FRANCHEVILLE (Pierre de), né à Cambrai en 1548, d'une famille très riche, fut poussé vers les arts par une vocation que rien ne put changer. Ses parents, qui le destinaient aux lettres, lui firent donner une brillante éducation et l'envoyèrent à Paris pour continuer ses études. Arrivé dans cette ville, Francheville ne s'occupa que de dessin. Plus tard il voyagea en Allemagne et suivit désormais sans contrainte son penchant favori. Après avoir appris la sculpture à Inspruck, il vint à Florence en 1574 suivre les leçons du sculpteur Jean de Bologne; ses progrès rapides le firent distinguer par le maître, dont il devint l'aide préféré. Il étudia ensuite la peinture, l'anatomie, les mathématiques, la « science de l'ingénieur et de l'architecte. »

Appelé à Paris par Henri IV et logé au Louvre, Francheville sculpta pour le roi *Le Temps qui enlève la Vérité*. Ce groupe, placé au jardin des Tuileries, fut par la suite donné par Louis XIV au chancelier Pontchartrain. Quatre bas-reliefs de Francheville, qui ornaient avant la Révolution le piédestal de la statue de Henri IV, ont été conservés.

On voit quelques-unes de ses statues à Gênes, notamment *Janus et Jupiter*, exécutées pour le palais Grimaldi, et les quatre évangélistes.

Francheville est mort vers 1615.

MARSY (Balthasar et Gaspar), célèbres sculpteurs, nés à Cambrai, le premier en 1624, le second en 1628, ne doivent pas être plus séparés dans leur gloire qu'ils ne l'ont été de leur vivant. Élèves de leur père d'abord, ils s'allèrent à Paris en 1648 et commencèrent par travailler chez un sculpteur sur bois. Ils furent ensuite employés par Auguier, Sarrasin et Buyster, dont ils avaient suivi quelque temps les leçons. Mais leur talent les fit assez remarquer pour qu'ils fussent chargés seuls de décorer l'hôtel de la Vrillière (actuellement la Banque de France), puis le château du Bouchet, près d'Etampes. Appelés à travailler dans les palais royaux, surtout à Versailles, ils furent les auteurs de groupes en bronze que l'on admire encore aujourd'hui dans les bassins du *Dragon*, de *Bacchus*, de *Latone*. Leur chef-d'œuvre est le beau groupe des *Bains d'Apollon*, connu du vulgaire sous le nom de *Char embourbé*, et qui représente deux Tritons abreuvant les chevaux du Soleil. Il est situé dans l'axe même du château, au bas de la magnifique nappe de gazon dite le Tapis-Vert. On doit encore aux deux frères le *Mausolée de Jean Casimir*, roi de Pologne, jadis placé à l'église Saint-Germain-des-Prés. C'est le dernier ouvrage auquel travailla Balthasar, qui se reposa désormais jusqu'à sa mort, survenue en 1674. Il était professeur à l'Académie de sculpture.

Gaspar, qui vécut sept ans de plus, travailla seul au *Point-du-jour*, à *l'Afrique*, à *Encelade*, figures des bassins de Versailles, faites sur les dessins du peintre Lebrun. Un bas-relief de la porte Saint-Martin, représentant *Mars portant l'écu de France*, est aussi de Gaspar. Son groupe de *Borée enlevant Orythie*, qui fut placé aux Tuileries, est assez faible.

Les œuvres communes des deux frères Marsy ont une grande valeur artistique; celles qui sont dues à Gaspar seul leur sont un peu inférieures. Celui-ci en effet semble avoir eu dans son ciseau moins de fini, d'élégance, d'originalité que Balthasar.

ROLAND (Philippe-Laurent), statuaire, est né à Pont-à-Marcq le 13 août 1746. Dès l'âge de quatorze ans, il avait déjà attiré l'attention par son habileté à sculpter le bois avec les instruments les plus rudimentaires. Envoyé à Paris, il développa ses merveilleuses aptitudes sous la direction de Pajou, qui le fit travailler avec lui aux sculptures du Palais-Royal et de la salle de spectacle de Versailles. Très soigneux dans tout ce qu'il faisait, Roland était ordinairement chargé de dégrossir le marbre des figures sculptées par Pajou ; il acquit dans ces occupations une grande habileté à travailler le marbre et à donner un fini soigné à ses propres œuvres. Après un séjour de cinq ans en Italie, où il se perfectionna encore, il revint à Paris, et, sur les instances de Pajou, il se présenta à l'Académie des Beaux-Arts ; son *Caton d'Utique* l'y fit entrer le 2 mars 1782. Il fit présent à la ville de Lille, qui l'avait protégé, d'une réduction de ce groupe remarquable.

Quand vint la Révolution, Roland fut chargé de préparer un modèle colossal en plâtre de *La Loi*, qui fut placé sous le péristyle du Panthéon, mais ne fut pas exécuté en marbre. Il fit partie de l'Institut en 1795, à sa création, et fit pour le Louvre la statue de Pajou en 1799. Son chef-d'œuvre, *Homère chantant sur sa lyre*, un des plus beaux sujets de l'Ecole française, dont le modèle en plâtre avait été exposé en 1802, fut exécuté en marbre pour le Louvre dix ans plus tard.

La Restauration comprit ce grand artiste parmi ceux qui devaient travailler aux douze statues colossales projetées pour le pont Louis XVI (de la Concorde). Roland venait de tracer une esquisse de la statue du grand Condé, quand il fut frappé d'apoplexie à la Sorbonne dans son atelier même, le 6 juillet 1816 ; il mourut cinq jours après.

ELSHOECHT (Jean-Marie-Jacques, dit Karl), sculpteur, né à Bergues en 1791, vint de bonne heure à Paris chez Bosio. Une prestesse de main remarquable lui valut la faveur du maître. Admis avec distinction à l'Ecole des Beaux-Arts, il fit pour Dunkerque une copie de la statue de Louis XIV que Bosio achevait alors pour la place des Victoires. La ville de Dunkerque, reconnaissante, vota à Elshoëcht une pension annuelle de 600 francs, pendant 6 ans. Ses débuts au Salon en 1825 furent des plus brillants ; sa figure de l'*Innocence*, que distingue une rare habileté de ciseau, lui valut une médaille d'or, grâce à l'appui de Bosio. A partir de ce moment, les commandes affluèrent chez Elshoëcht, surtout pour la sculpture de personnages d'église. On voit de lui une *Vierge* (1827) à l'église

Saint-Ouen de Rouen, un *Bon Pasteur* et *quatre évangélistes*, à l'église de Tourcoing, les *séraphins* de la chaire et *les anges* du maître autel de Notre-Dame-de-Lorette à Paris. Ces dernières œuvres, fouillées en plein bois, témoignent par leur fini, par la pureté de ciseau qui les distinguent, de la grande habileté, de la dextérité de l'artiste, mais ce ne sont que des pièces bien sculptées, auxquelles le caractère fait défaut. On peut en dire autant des figures allégoriques dont Elshoëcht fut chargé de décorer la façade du grand hôpital de Lyon : *La Saône et le Rhône, La Maternité et l'Indigence*; on y cherche en vain la grandeur. L'artiste avait été plus heureux avec les têtes de *Faust* et de *Marguerite*, exposées au Salon de 1831.

Parmi les autres œuvres d'Elshoëcht, nous signalerons les bustes de Monseigneur *Affre*, de *Boulay de la Meurthe*, de *Bosio*, de *Claude le Lorrain*, *La navigation marchande* sur l'un des frontons de l'ancien Louvre.

Elshoëcht est mort à Paris en 1859, laissant inachevés une *Bacchante* et *Adam et Eve avant le péché*.

BRA (Théophile), sculpteur, né à Douai en 1797, étudia d'abord la sculpture avec Story et Bridan. Son début au Salon, en 1819, qui lui valut la médaille d'or, fut très remarqué; le sujet était *Aristodème au tombeau de sa fille*. Ce groupe, exécuté en marbre, fut acheté par Louis XVIII. A partir de cette époque, Bra participa à toutes les expositions, de 1819 à 1839. Dès 1825, c'est-à-dire à vingt-huit ans, ses succès lui valurent la croix de la Légion d'honneur. Les œuvres les plus remarquables de Bra sont : *Saint-Pierre et Saint-Paul* (à Saint-Louis-en-l'Ile); *Saint-Marc* (à Saint-Philippe-du-Roule); le *Christ enfant dans les bras de sa mère* (exposé au Salon de 1833); *Sainte-Amélie* (marbre, 1839); *Ulysse dans l'île de Calypso* (marbre, 1833); la *statue du dauphin*, pour le Louvre, en 1824; un *duc de Berry*, en bronze, pour Lille, en 1827; les statues en bronze du maréchal *Mortier* (au Cateau) et du général *Négrier* (à Lille); celles de *Benjamin Constant*, (pour son monument au Père-Lachaise), de *Jean de Bologne*, de *Franqueville*, de *Commines*, et de nombreux bustes-portraits.

On préfère généralement les bustes de Bra à ses portraits en pied, qui manquent un peu de grandeur, parfois de naturel. Néanmoins son talent ne méritait pas l'oubli dans lequel il semble être tombé.

Bra est mort en 1840.

CARPEAUX (Jean-Baptiste), le célèbre sculpteur, est un contemporain. Né à Valenciennes le 14 mai 1827, d'un maçon, Carpeaux s'exerça d'abord à son art dans sa ville natale, puis devint élève de Rude, qui le conduisit au grand prix de Rome, en 1854. Déjà l'année précédente il avait été chargé de sculpter un bas-relief représentant la réception d'Abd-el-Kader à Saint-Cloud. A partir de ce moment, Carpeaux marcha de succès en succès. Son exposition au Salon de 1859 fut très remarquée; elle comportait un *jeune pêcheur napolitain*, en bronze, sujet qu'il exécuta en marbre en 1863. On a du grand artiste de très beaux bustes, *Ugolin et ses enfants* (bronze, 1863), les bas-reliefs du fronton qui décore le pavillon de Flore, le groupe de *La Danse* (1869), sur la façade de l'Opéra, une statue du prince impérial appuyé sur son chien de chasse.

Ce qui distingue les œuvres de Carpeaux, c'est l'intensité du mouvement, la fougue qui semble souvent se jouer de la symétrie architecturale; c'est ainsi que l'axe du fronton du pavillon de Flore paraît en quelque sorte déplacé, que le groupe de la Danse déborde littéralement de son piédestal. On n'a pas oublié l'acte de vandalisme dont cette dernière sculpture a été l'objet dans l'été de 1869; une main restée inconnue lança dessus, pendant la nuit, une bouteille d'encre qui, en se brisant, la souilla d'une énorme tache. Mais les traces de cet attentat furent enlevées presque immédiatement.

Carpeaux a joui de sa célébrité de son vivant. Chevalier de la Légion d'honneur en 1866, il en devint officier en 1875. Il avait donné quelque temps des leçons de sculpture au prince impérial. Mais son union avec Amélie de Monfort, personne de haute naissance, fut malheureuse; son existence en fut troublée, et c'est dans toute la force de son beau talent, à quarante-huit ans, qu'il mourut entre les bras de son père et de sa mère, au château de Bécon, où l'avait accueilli l'affectueuse hospitalité d'un ami, le prince Georges Stirbey (10 octobre 1875).

3° COMPOSITEUR; ARTISTE LYRIQUE

DELSARTE (François-Alexandre-Nicolas-Chéri) est né à Solesmes, le 19 décembre 1811. Élève du Conservatoire en 1826, il parut quelque temps sur le théâtre de l'Opéra-Comique comme chanteur, puis devint professeur. Il reparut sur la scène en 1848, à côté de mademoiselle Chéri Courand, pour chanter un air patriotique de la *Révolution*, grand drame que l'on représentait alors à l'Opéra; il y fut vivement applaudi.

Delsarte avait une vive prédilection pour la musique ancienne; aussi a-t-il tiré de l'oubli de nombreux morceaux d'autrefois. Comme professeur, il a compté beaucoup d'élèves qui se sont fait une réputation dans l'art dramatique. Il excellait lui-même à interpréter les récitatifs et il a prouvé par son exemple qu'ils sont plus favorables que nuisibles à l'expression des passions et des divers sentiments humains.

Cet illustre artiste est mort en juillet 1871. On a de lui des *Archives du Chant*, des cahiers de musique historique des sixième et septième siècles, et quelques romances.

VI. — PERSONNAGES POLITIQUES

CALONNE (Charles-Alexandre de), né à Douai, le 20 janvier 1734, était le fils d'un premier président au Parlement de cette ville. Après avoir fait ses études à Paris, il entra dans la magistrature, devint procureur général au Parlement de Douai, puis maître des requêtes en 1763. Il fit à cette époque, sur les conflits survenus entre les parlements et le clergé, des rapports qui furent remarqués. Mais, nommé procureur général de la commission d'enquête qui instruisit le procès de La Chalotais, il joua, dans cette grave affaire, un rôle des plus équivoques, dont sa considération eut à souffrir. Calonne avait été quelque temps intendant à Metz et à Lille, quand l'influence du ministre Vergennes le fit appeler, le 3 novembre 1783, aux fonctions de contrôleur général des finances. C'est le titre qu'on donnait alors au ministre des finances.

Calonne ne manquait ni des connaissances, ni même des talents nécessaires pour occuper dignement cette haute charge ; malheureusement c'était un esprit léger et peu scrupuleux. Il apporta, dans la direction des deniers de l'État, ses instincts de dissipation, qu'il osa même ériger en théorie ; grâce à ses dehors aimables, à son air confiant, il réussit quelque temps à endormir Louis XVI et sa cour dans une trompeuse sécurité. On connaît sa réponse à Marie-Antoinette, qui lui exprimait un désir : « Madame, si c'est possible, c'est fait ; si ce n'est pas possible, cela se fera. » Il s'agissait de l'acquisition du château de Saint-Cloud. Au bout de trois ans, en pleine paix, Calonne avait accru de 500 millions la dette nationale. Il revint alors à des idées plus justes, qu'il avait lui-même jadis vivement critiquées chez Turgot et Necker, et provoqua une réunion des notables. Mais il ne s'entendit pas avec eux et fut disgracié le 8 avril 1787, au moment même où il se croyait le plus sûr de l'appui du roi. Dépouillé du cordon du Saint-Esprit, exilé en Lorraine, Calonne se réfugia à Londres et, plus tard, passa en Allemagne, pour se jeter avec ardeur dans le parti de l'émigration. Malgré tous ses efforts, il ne put reparaître sur la scène politique et vécut désormais dans l'obscurité jusqu'en septembre 1802. Revenu en France à cette époque, il mourut à Paris un mois plus tard.

D'AOUST (le marquis Jean-Marie), né en 1740, à Cuincy, près de Douai, était officier quand la Révolution éclata. Mécontent de n'avoir pas reçu un avancement qu'il croyait mériter, il embrassa avec ardeur les idées nouvelles. Député de la noblesse aux États-Généraux, il se réunit un des premiers au Tiers. Au moment de l'invasion des coalisés, en 1792, il fut nommé commissaire de la Convention dans le Nord et dénonça avec énergie Saint-Amand et Orchies pour avoir reçu les Autrichiens. A la Convention, il vota en ces termes la mort du roi : « La mort de Louis ou de la République. Louis a trop vécu, sa mort est une justice. » En 1795, il devint commissaire du Directoire exécutif de son département.

Quand il mourut, en 1812, à Cuincy, il était maire de cette commune.

MERLIN (Philippe-Antoine, comte), dit Merlin, de Douai, célèbre jurisconsulte, né à Arleux, le 30 novembre 1754, était fils d'un cultivateur. Après avoir fait toutes ses études au collège et à l'Université de Douai, il fut reçu avocat au Parlement de cette ville. Pourvu d'une puissance de travail qui tenait du prodige, il devint promptement célèbre par l'étendue et la profondeur de ses connaissances juridiques, et se fit une riche et nombreuse clientèle. Il plaida, notamment dans des procès restés célèbres, pour Beaumarchais et pour le président Dupaty. Il collabora au *Répertoire universel et raisonné de Jurisprudence*, et en devint, par la suite, le propriétaire. En 1782, il acheta la charge de secrétaire du roi (1), et le duc d'Orléans, en 1789, l'année même où commença la grande Révolution, voulut l'avoir dans son conseil d'apanage.

Député du bailliage de Douai aux États-Généraux, Merlin y marqua sa place, non pas tant comme orateur (il manquait de la faculté d'improvisation) que comme membre des comités, où, grâce à son savoir, il rendit les plus grands services. On lui doit de nombreux et remarquables rapports sur la constitution et l'aliénation des biens nationaux, la suppression des privilèges féodaux et sur la plupart des grandes et généreuses réformes poursuivies par la Constituante. Dans cette assemblée, Merlin se montra partisan de la Monarchie constitutionnelle, s'opposa, après la fuite de Varennes, à la déchéance du roi et à la motion de Robespierre de rendre inéligibles les membres sortants de l'Assemblée.

Merlin, son mandat terminé, fut élu en même temps président d'un tribunal de Paris et du tribunal criminel de Douai; il opta pour le dernier, mais, l'année suivante, les suffrages de ses concitoyens l'envoyaient siéger à la Convention. Convaincu que Louis XVI avait eu des

---

(1) Charge judiciaire qui donnait le droit de signer et d'expédier les lettres et autres actes royaux et qui conférait certains privilèges, outre les émoluments qu'elle rapportait. Il fallait la payer 120,000 livres. Quand la Révolution supprima la charge, il y avait, en France, 294 secrétaires du roi.

intelligences avec l'étranger et cherchait à rétablir le pouvoir absolu, il vota la déchéance, puis la mort du roi. C'est alors que d'anciens partisans de la cour, pour se venger, essayèrent de le perdre avec des papiers trouvés dans la fameuse armoire de fer des Tuileries; on l'accusa d'avoir écouté des propositions et des promesses de la cour; mais il n'eut aucune peine à démontrer qu'il n'avait pas éprouvé l'effet des promesses parce qu'il avait repoussé les propositions.

De janvier à avril 1793, Merlin fut en mission à l'armée du Nord, d'où il passa en Vendée; il s'y trouvait au moment du 31 mai. De concert avec ses collègues Gillet et Cavaignac, il rédigea, contre la proscription des Girondins, une protestation qui fut affichée dans toutes les communes de la Bretagne.

Cependant, en présence des dangers grandissant au dedans comme au dehors, le gouvernement révolutionnaire s'exaltait jusqu'à la fureur : le Comité de législation, auquel avait été adjoint Merlin, fut chargé de préparer une loi contre les suspects. Un premier projet, pourtant terrible, quoique laissant des garanties à l'innocence, fut repoussé, le 31 août, dans une séance effroyablement orageuse, comme « payé par Coblentz. » Merlin, menacé de se voir dénoncer pour sa protestation contre le 31 mai, céda à la crainte et rédigea un second projet, déplorable, de tous points contraire à ses propres sentiments; on l'adopta le 17 septembre; tout désormais devenait matière à suspicion et par conséquent à emprisonnement. Lors de la discussion de la loi du 22 prairial, Merlin céda encore : il y allait de sa vie. Mais enfin sa conscience révoltée se ressaisit au 9 thermidor, lorsque la Convention, épouvantée des fureurs de Robespierre, se retourna contre son tyran. Président de la Convention après la chute de Robespierre, puis membre du Comité de salut public, Merlin fit entrer le gouvernement dans des voies de modération; il fit fermer le club des Jacobins et rapporter les lois de proscriptions contre les Girondins survivants. C'est encore lui qui, en qualité de ministre des affaires étrangères, négocia le traité de Bâle et fit décréter la réunion à la France de la Belgique, Liège et Bouillon. Au 13 vendémiaire, il fit charger Barras du commandement de l'armée qui devait arrêter l'insurrection. Quand la Constitution de l'an III entra en vigueur, Merlin fut membre du Conseil des Anciens et ministre de la justice, du 30 octobre 1795 au 5 septembre 1797. Ce ministère fut signalé par le vote du *Code des délits et des peines*, en 646 articles, adopté le 3 brumaire an IV, véritable monument juridique. Le Code pénal, qui remplaça en 1811 le travail de Merlin, en reproduisit la substance, mais dépouillée de tout ce qu'il avait de libéral et d'élevé.

Merlin quitta le ministère de la justice pour faire partie du Directoire en remplacement de Barthélemy; il y fut aux prises avec les plus grandes difficultés et dut donner sa démission le 30 prairial an VIII. Il s'était retiré à Douai quand éclata le coup d'État du 18 brumaire. Le Consulat ne voulut pas se passer de ses services; toutefois il se contenta de faire du savant jurisconsulte un simple substitut du procureur général de la Cour de cassation; mais, l'année suivante, il le nomma procureur général.

Nous sommes arrivés à la plus belle partie de la vie de Merlin; pendant quinze ans qu'il occupa les hautes fonctions de procureur général, il contribua d'une manière remarquable à fixer l'unité de la jurisprudence; ses réquisitoires sont des modèles de clarté et de savoir, et l'on se demande comment il ne fut pas appelé à la discussion de ce célèbre Code civil, à la préparation duquel il avait participé plus que tout autre.

L'Empire fit entrer Merlin au Conseil d'État, au comité des affaires contentieuses, lui conféra le titre de comte et le nomma grand officier de la Légion d'honneur. La Restauration lui enleva, le 15 février 1815, ses fonctions de procureur général; il les reprit aux Cent-Jours et contresigna, comme ministre d'État, l'*Acte additionnel*, qui proscrivait les Bourbons.

Mais Waterloo arriva; proscrit lui-même le 24 juillet 1815 comme régicide, forcé de quitter l'Europe dont la Sainte-Alliance lui refusait le séjour, il s'embarqua à Flessingue pour l'Amérique; un naufrage, où il faillit périr, le rejeta en Hollande. La haine des gouvernements réclamait son expulsion : « La mer me l'a rendu, je le garde, répondit avec fermeté le roi des Pays-Bas, » et il l'autorisa à résider à Haarlem.

Merlin trompa les ennuis de l'exil en revenant à ses travaux sur le droit; il compléta notamment et refondit presque en entier son *Répertoire de Jurisprudence*. Sa puissance extraordinaire de travail ne l'avait jamais abandonné; elle se continua jusqu'en 1826, époque à laquelle une légère atteinte de paralysie l'obligea de se modérer. La Révolution de juillet 1830 lui rouvrit les portes de sa patrie, où il put enfin venir terminer ses jours. Il mourut presque aveugle, le 26 décembre 1838, à plus de quatre-vingt-quatre ans.

VII. — HOMMES D'ÉGLISE

TRIGAUT (Nicolas), en latin Trigautius, né à Douai en 1567, entra à dix-sept ans dans la Compagnie de Jésus, et, après avoir professé quelque temps les humanités à Gand, fut envoyé en Chine avec deux autres religieux, pour évangéliser les habitants. Mais sa mauvaise santé lui rendit la traversée très pénible et l'obligea de s'arrêter à Goa et à Macao. Les prédications des trois missionnaires eurent un tel succès qu'il fallut demander de l'aide en Europe. Trigaut, qui en fut chargé, quitta la Chine en 1613, et traversa, à pied, un simple sac de voyage à la main, l'Hindoustan, la Perse, l'Arabie pétrée, l'Egypte. Un navire le conduisit par mer d'Alexandrie à Otrante. Il reçut du pape Paul V l'accueil le plus flatteur et repartit, en 1620, avec quarante-quatre missionnaires. Revenu en Chine après sept ans d'absence, il fut chargé de l'administration spirituelle de trois vastes provinces, jusqu'au 14 novembre 1628, date de sa mort à Nankin.

Trigaut était très instruit dans la langue et l'histoire de la Chine. Il est l'auteur d'un *Vocabulaire chinois* en trois volumes, et dans les comptes rendus qu'il a faits de ses missions, il a longuement décrit les mœurs et les coutumes de la Chine, ainsi que l'imprimerie tabellaire dont les Chinois se sont servis bien avant que l'imprimerie fût connue en Europe.

GRATRY (Auguste-Joseph-Alphonse, abbé), né à Lille, le 30 mars 1805, s'est distingué comme théologien et philosophe. Il entra à l'École polytechnique en

1825 après avoir fait de bonnes études littéraires, puis embrassa la carrière ecclésiastique. Directeur de Sainte-Barbe en 1841, il fut nommé aumônier de l'Ecole normale en 1846. Son séjour dans cet établissement est resté célèbre par ses polémiques avec Vacherot, directeur des études littéraires, et dont les conséquences furent la retraite de Vacherot en 1851, sa propre sortie de l'Ecole normale l'année suivante.

Gratry s'associa ensuite aux efforts de M. Petitot, pour reconstituer une congrégation de l'Oratoire; en 1836, il devint professeur de morale évangélique à la Faculté de théologie de la Sorbonne, et membre de l'Académie française en 1867; il y occupa le fauteuil qui avait été celui de Voltaire.

Prêtre libéral, l'abbé Gratry s'associa, avec le Père Hyacinthe, aux idées émises par la Ligue de la paix; blâmé par l'Oratoire, il se sépara de cette congrégation. Il combattit ensuite le principe de l'infaillibilité du pape, par des lettres qui lui valurent les félicitations de Dupanloup et de plusieurs autres membres distingués de l'épiscopat français, mais aussi les attaques les plus violentes du journal l'*Univers* et les condamnations de quelques évêques; le trop célèbre Raës, entre autres, interdit la lecture de ces lettres dans son diocèse de Strasbourg. Néanmoins, quand M. Guibert devint archevêque de Paris, l'abbé Gratry se rétracta publiquement et fit amende honorable pour les opinions qu'il avait soutenues. Gravement malade, il se retira peu après à Montreux, en Suisse, pour y chercher un peu de repos; la mort l'y frappa le 6 février 1872.

L'abbé Gratry, qui possédait un grand talent d'écrivain, de polémiste surtout, a beaucoup écrit; toutefois nous ne mentionnons de ses ouvrages que les principaux, ceux qui lui ont ouvert les portes de l'Académie française : 1° *Paix, méditations historiques et religieuses*; — 2° *Les Sources, conseils pour la conduite de l'esprit*; — 3° *Commentaires sur l'Evangile de saint Mathieu*.

VIII. — DIVERS

LESURQUES (Joseph). — Nous ne pouvons parler des personnalités marquantes du Nord sans nous arrêter sur un nom qui n'a dû qu'à une circonstance sinistre de passer à la postérité. Il s'agit de Joseph Lesurques, né à Douai en 1763, guillotiné à Paris le 30 octobre 1796, par suite d'une erreur judiciaire demeurée tristement célèbre.

Lesurques avait reçu une bonne éducation. Après avoir servi au régiment d'Auvergne, comme soldat d'abord, puis comme sergent, il revint à Douai en 1789, et épousa, l'année suivante, mademoiselle Campion. Chef de bureau à l'administration centrale du district de Douai, il possédait en 1795, en comptant son avoir, celui de sa femme et le produit de quelques spéculations heureuses, une fortune d'environ 12.000 francs de rentes. C'est alors qu'il songea à venir habiter Paris. Il y était arrivé depuis quelques jours à peine et s'occupait de s'installer quand le courrier *Excoffon*, qui faisait le service de Lyon à Paris, fut assassiné avec le postillon *Etienne Audebert* entre cette dernière ville et Melun, à Vert, près de Lieusaint. Parmi les individus inculpés d'abord se trouva un nommé *Guénot*, commissionnaire de roulage à Douai, ami de Lesurques. Arrêté, puis relâché, Guénot avait été néanmoins invité à se tenir à la disposition de la justice. Lesurques l'ayant un jour accompagné chez le juge d'instruction fut désigné par plusieurs personnes comme ayant été vu, lui quatrième, dans une auberge de Montgeron la nuit même du crime. Arrêté aussitôt malgré ses protestations d'innocence, Lesurques subit des confrontations dont les résultats furent accablants pour lui. En vain fit-il entendre de nombreux témoins à décharge, il ne put réussir à écarter les présomptions écrasantes qui s'accumulaient sur lui et qu'une coïncidence fatale vint encore aggraver. Lesurques se souvint qu'à la date même du crime il était allé faire une acquisition chez un bijoutier; celui-ci, interrogé, confirma ce renseignement, mais le malheur voulut qu'il eût commis sur ses livres une erreur d'un jour en datant l'opération, puis qu'il l'eût rectifiée par une surcharge. De ce jour, les juges eurent sur la culpabilité de l'accusé une conviction faite; l'infortuné put s'en apercevoir quand il comparut devant la cour d'assises de Melun. Le président en dirigea les débats avec une partialité telle qu'il étouffa par la terreur les dépositions des témoins à décharge; quelques-uns s'évanouirent même de frayeur dans l'audience. Pendant que le jury délibérait, de nouveaux témoignages vinrent prouver d'une manière indiscutable que Lesurques n'était pour rien dans le crime. « Il est trop tard, fut-il répondu, c'est à l'audience qu'il fallait dire cela. » Lesurques fut condamné à mort avec un autre accusé nommé Courriol et vit son pourvoi en cassation rejeté malgré l'inqualifiable conduite du président. Lesurques pourtant, fort de son innocence, ne perdit pas tout espoir : il s'adressa au Conseil des Cinq-Cents, où un courant d'opinion se manifesta en sa faveur ; mais, sur un rapport erroné du député Siméon, qui n'avait pas étudié l'affaire avec tout le soin qu'elle comportait, l'Assemblée passa à l'ordre du jour. C'était la mort pour Lesurques. Le jour de l'exécution arrivé, pendant que l'on faisait la sinistre toilette des condamnés, Courriol dit aux magistrats présents : « Je suis coupable, mais Lesurques est innocent. » Lesurques voulut monter à l'échafaud vêtu d'habits blancs; il mourut avec le plus grand courage, en affirmant bien haut son innocence...

Cependant, peu après, le député Siméon était avisé par une lettre de M. Jary, juge de paix à Besançon, que le signalement qu'on disait être celui de Lesurques s'appliquait entièrement à un nommé Dubosc. Cette lettre demeura trente ans ignorée, jusqu'à la mort de Siméon. Dubosc, arrêté à son tour, comparut en cour d'assises et fut reconnu par ceux qui avaient jadis déposé contre Lesurques, auquel il ressemblait en effet d'une manière frappante. Convaincu d'avoir pris au crime la part attribuée jusqu'alors à Lesurques, il fut condamné et exécuté en 1801, mais aucune réhabilitation, aucune réparation ne fut accordée à la famille de l'infortuné Lesurques, que la confiscation, conséquence de la peine de mort, avait plongée dans la plus affreuse misère. En vain essaya-t-elle d'obtenir une réhabilitation que commandait la plus élémentaire équité, le Code civil, par suite d'une lacune regrettable, ne permet la revision d'un procès que sur la demande de celui qui a été frappé. Brisée par le chagrin, découragée par l'insuccès de ses tentatives, cette malheureuse famille eut la fin la plus triste. La veuve de Lesurques et l'une de ses filles moururent folles, une autre se jeta dans la Seine; son fils alla prendre du service en Russie et ne donna plus jamais de ses nouvelles.

FERNIG (Théophile et Félicité de). — Peu d'histoires sont plus propres que celle de ces deux héroïnes à donner une idée de l'état des esprits au moment de la Révolution.

Lorsque les Autrichiens menacèrent, en 1792, notre frontière du Nord, les gardes nationales de plusieurs communes ne craignirent pas de s'opposer à la marche de l'ennemi; celle de *Mortagne* (1) notamment se distingua, sous le commandement d'un ancien officier habitant cette localité, M. de Fernig, dans de nombreuses escarmouches contre les avant-postes autrichiens.

Un matin, au retour d'une chaude affaire contre les uhlans du général autrichien Clairfayt, la valeureuse colonne, portant encore les traces du combat de la nuit et ramenant les prisonniers, fit la rencontre du général Beurnonville, commandant du camp de Saint-Amand, qui voulut la passer en revue. Comme il parcourait les rangs de ces soldats improvisés, son attention fut appelée vers deux volontaires qui, passant d'un groupe à l'autre, cherchaient à éviter ses regards. M. de Fernig les ayant fait amener devant le front de la colonne, fut fort étonné de reconnaître ses deux filles, qu'il avait laissées chez lui la veille. C'est alors qu'il sut toute la vérité. Chaque fois qu'il se mettait à la tête d'une patrouille de nuit, Félicité et Théophile, âgées de 16 et de 13 ans, grâce à la complicité de quelques voisins, s'équipaient avec des habits et des armes de chasse de leurs frères, et se joignaient aux volontaires, afin de pouvoir veiller sur les jours de leur père; plus d'une fois, en

---

(1) Commune placée au confluent de l'Escaut et de la Scarpe.

faisant le coup de feu avec les Autrichiens, elles avaient préservé sa vie. La Convention, informée de leur conduite par le rapport de Beurnonville, leur envoya des chevaux et des armes d'honneur, et le général en chef, Dumouriez, les signala à l'admiration de l'armée.

Quand les Autrichiens pénétrèrent à Mortagne, leur premier soin fut de brûler la maison de Fernig. Le père et les filles furent alors attachés à l'état-major de Dumouriez; c'est ainsi qu'ils assistèrent aux batailles de *Valmy* et de *Jemmapes* et quittèrent l'armée avec le général quand il passa à l'étranger.

A partir de ce moment commence pour les deux sœurs et leur famille une existence des plus pénibles qui ne devait changer qu'en 1802. Mais faisons un léger retour en arrière.

Dans une de ces rencontres qui suivirent la bataille de Jemmapes, Félicité de Fernig, « qui portait les ordres de Dumouriez à la tête des colonnes, entraînée par son ardeur, se trouva enveloppée avec une poignée de hussards français par un détachement de uhlans ennemis. Dégagée avec peine des sabres qui l'enveloppaient, elle tournait bride avec un groupe de hussards pour rejoindre la colonne, quand elle aperçoit un jeune officier de volontaires belges de son parti, renversé de cheval d'un coup de feu et se défendant avec son sabre contre les uhlans qui cherchaient à l'achever. Bien que cet officier lui fût inconnu, à cet aspect Félicité s'élance au secours du blessé, tue de deux coups de pistolets deux des uhlans, met les autres en fuite, descend de cheval, l'accompagne, le recommande elle-même à l'ambulance et revient rejoindre son général. Ce jeune officier belge s'appelait Vanderwalen. Laissé, après le départ de l'armée française, dans les hôpitaux de Bruxelles, il oublia ses blessures; mais il ne pouvait oublier la secourable apparition qu'il avait eue sur le champ de carnage. . . . .

Quand Dumouriez eut fui à l'étranger et que l'armée eut perdu la trace des deux jeunes guerrières..., Vanderwalen quitta le service militaire et voyagea en Allemagne à la recherche de sa libératrice. Il parcourut longtemps en vain les principales villes du Nord sans pouvoir obtenir aucun renseignement sur la famille de Fernig. Il la découvrit enfin réfugiée au fond du Danemark. Sa reconnaissance se changea en amour pour la jeune fille... Il l'épousa et la ramena dans sa patrie. Théophile, sa sœur et sa compagne de gloire, suivit Félicité à Bruxelles. Elle y mourut jeune encore, sans avoir été mariée (1818). Elle cultivait les arts. Elle était musicienne et poète comme Vittoria Colonna (1). Elle a laissé des poésies empreintes d'un mâle héroïsme, d'une sensibilité féminine, et dignes d'accompagner son nom à l'immortalité. Ces deux sœurs, inséparables dans la vie, dans la mort comme sur les champs de bataille, reposent sous le même cyprès sur la terre étrangère. » (Lamartine : *Les Girondins*).

Félicité, devenue madame Vanderwalen, est morte en 1831. Un de ses fils fut conseiller à la Cour d'appel de Douai, un autre directeur de la maison de force de Vilvorde (Belgique). Un de ses frères mourut général sous Louis-Philippe, le comte Louis-Joseph-César de Fernig, et une de ses jeunes sœurs épousa le général Guilleminot.

FAIDHERBE (Louis-Léon-César), un des héros de la défense nationale en 1870, est né à Lille en 1818. Ses brillantes études à l'École polytechnique, où il était entré en 1838, le conduisirent à l'école d'application de Metz, d'où il sortit en 1842 avec le grade de lieutenant du génie. Peu après, il fut envoyé en Afrique où, sous les ordres de Bosquet (depuis maréchal), il prit part à ces campagnes d'expéditions rapides, d'audacieux coups de main, organisés par le général Bugeaud pour battre les Arabes avec leur propre tactique. Au cours d'une de ces marches, qui mirent si bien en lumière l'indomptable énergie des officiers et des soldats, Faidherbe, chargé de jeter un pont sur un oued (2), fut obligé de rester plusieurs heures dans l'eau glacée, en plein hiver; quand il voulut en sortir, ses jambes étaient paralysées, et il ne put regagner la rive que grâce au dévouement

---

(1) Marquise de Pescaire, célèbre par ses vertus et ses talents de poète; vécut en Italie au XVIe siècle.
(2) Nom des torrents en Algérie.

d'un soldat. Cet accident n'eut pas des suites fatales immédiates, mais Faidherbe venait de ressentir les atteintes d'un mal dont il est mort trente-sept ans plus tard.

Revenu en France en 1846 et promu capitaine, Faidherbe va à la Guadeloupe de 1848 à 1849 : il y écrit une étude approfondie des questions de colonisation. Pour la mettre en application, il demanda un emploi au Sénégal en 1850 ; aucun n'étant vacant, il retourna en Algérie, y construisit le fort de *Bou Sada* et prit part aux expéditions des généraux de Saint-Arnaud en Kabilie, en 1851, Bosquet sur les Hauts-Plateaux, en 1852. Enfin sa nomination comme sous-directeur du génie au *Sénégal* commença la réalisation de son vœu le plus cher. Deux ans plus tard, la droiture de son caractère, sa rare compétence et la connaissance remarquable qu'il avait des besoins de la colonie, appelèrent sur lui l'attention de Théodore Ducos, ministre de la marine et lui valurent, avec l'épaulette de chef de bataillon, le titre de gouverneur général du Sénégal. On ne pouvait faire un meilleur choix, mais la tâche était rude. Il s'agissait de protéger les colons contre les petits tyrans nègres qui exigeaient d'eux des coutumes ou taxes arbitraires et ne les en accablaient pas moins de vexations, les indigènes eux-mêmes contre les bandes pillardes de Maures, Trazza, Brakna, Douaïch et autres qui, établis sur la rive droite du Sénégal, en désolaient la rive gauche par de continuelles incursions.

Le nouveau gouverneur se mit immédiatement à l'œuvre : pendant quatre ans, nos colonies volantes, poursuivant les Maures sans trêve ni relâche, les traquant jusque sur leurs propres territoires à droite du fleuve, délivrèrent le *Baol*, le *Sine*, le *Oualo*, le *Dimar*, le *Djolof*, le *Saloun*, annexèrent à la colonie des territoires dont on vit en deux années la population doubler, et contraignirent les vaincus à respecter désormais le drapeau de la France. Un danger redoutable, qui menaçait la colonie du côté du Haut-Sénégal, fut aussi heureusement conjuré. Le marabout Omar El Hadj (le pèlerin) avait groupé autour de lui les tribus fanatiques du *Fouta* avec le dessein de fonder un grand empire toucouleur de Tombouctou à Saint-Denis. Après avoir mis à feu et à sang les pays du *Haut-Niger* et le *Bambouck*, il essaya d'enlever, en 1857, le poste de *Médine*, récemment construit par les soins de Faidherbe à 250 lieues de Saint-Louis. Mais Médine, défendu par une poignée d'hommes et l'héroïque mulâtre *Paul Holl*, résista trois mois et donna au gouverneur le temps d'accourir; vaincu sous Médine et à *Sabouciré*, puis, en 1860, dans une nouvelle attaque, le marabout cessa d'être une menace pour nous.

En 1858, les coutumes étaient partout abolies, le territoire agrandi par de nombreuses annexions, des forts construits et des comptoirs fondés à *Dagana*, *Podor*, *Matan*, *Salé*, et la suzeraineté de la France établie, par des traités d'amitié plus encore que par la force, sur toutes les peuplades de la rive gauche du Sénégal, de Saint-Louis au-delà de Médine. En même temps qu'il faisait sentir la puissance de nos armes partout où le réclamait la sécurité de la colonie, Faidherbe faisait construire des ponts, des routes, des forts, des lignes télégraphiques, le beau port de *Dakar*; il ouvrait un musée, une banque, des écoles de tout genre, notamment celle dite des *otages*, où les fils des chefs nègres étaient initiés à notre langue, à nos mœurs, à notre civilisation. Il provoquait des explorations qui devaient préparer les relations de la colonie avec le Soudan occidental.

Lieutenant-colonel en 1855, colonel trois ans après, Faidherbe reçut en 1861, avec les étoiles de général de brigade, le commandement de la subdivision de *Sidi-Bel-Abbès*, mais l'impuissance de ses successeurs à continuer son œuvre le fit renvoyer en 1863 au Sénégal, où il resta deux ans encore. Quand le mauvais état de sa santé l'obligea de solliciter son rappel définitif, la colonie était dans un état de prospérité remarquable. Il faut remonter dans l'histoire du Sénégal jusqu'au célèbre gouverneur *André Brüe* (1697-1723) pour trouver la trace d'une administration aussi féconde.

La guerre de 1870 trouva Faidherbe à la tête de la subdivision de Bône; nommé commandant de la division de Constantine, il fut ensuite appelé, par un décret du gouvernement de la Défense nationale à diriger la petite armée que venait d'organiser dans la région du nord M. Testelin, avec l'aide des généraux Bourbaki et Farre. Tout le monde a encore présente à la mémoire la glorieuse campagne que conduisit Faidherbe à la tête d'une quarantaine de mille hommes de nouvelles levées, gardes nationaux mobiles et mobilisés volontaires, soldats échappés de nos premiers désastres, contre un ennemi bien supérieur en nombre, aguerri, admirablement équipé et jusque-là toujours victorieux. Pendant deux mois et demi, il harcela constamment les Prussiens, les battit même à *Pont-Noyelles* et à *Bapaume*, et ne céda le champ de bataille à *Saint-Quentin*, le 19 janvier 1871, après des prodiges de valeur et d'énergie, que devant des forces écrasantes, non sans leur avoir infligé des pertes énormes. Au moment de l'armistice du 28 janvier, ses deux corps ralliés derrière les places de Cambrai et de Landrecies qu'ils sauvèrent de l'ennemi, étaient prêts à reprendre la campagne.

La belle conduite de Faidherbe lui valut d'être élu député de la Somme par 107,213 suffrages ; il déclina ce mandat pour pouvoir rester à la tête de son armée.

Élu de nouveau le 2 juillet quoique absent, au cours d'une mission en Egypte, par le Nord et le Pas-de-Calais, il opta pour le Nord et siégea constamment sur les bancs de la gauche républicaine. Le 15 juillet, M. Thiers le fit grand-officier de la Légion d'honneur.

Malheureusement, avec sa santé ébranlée, il avait fallu à Faidherbe de prodigieux efforts de volonté pour résister aux fatigues de la guerre aggravées par un froid terrible ; quelques mois après la paix, il perdit pour toujours l'usage de ses jambes par le retour de la paralysie dont il avait contracté le germe au début de sa carrière. Le glorieux soldat ne se crut pas pour cela condamné à l'inaction ; pendant sa maladie il a écrit d'intéressants ouvrages sur les colonies. Sa candidature en 1876 comme représentant du Nord échoua, mais il fut plus heureux en 1879. Cette même année, il succéda au général Vinoy comme grand-chancelier de la Légion d'honneur. C'est à lui qu'on doit le relèvement des études dans les écoles de Saint-Denis, d'Écouen et des Loges, et la mise en harmonie de leurs programmes, par les soins de M. l'Inspecteur général Ebrard, avec ceux des établissements universitaires.

La mort de Faidherbe, survenue le 28 septembre 1889, a été un deuil national.

Si nous nous sommes longuement étendus sur sa vie, c'est qu'il serait difficile d'en trouver une mieux remplie. De plus, parmi les noms de tant de héros et de patriotes qui aux sombres jours de la défaite n'ont pas voulu désespérer de la France, le sien, comme celui de Chanzy, son illustre émule de l'armée de la Loire, comme celui du grand tribun Gambetta, leur ami commun, restera indissolublement attaché au souvenir de la Défense nationale, qui du moins a sauvé l'honneur du pays et par là même préparé son relèvement.

FIN

TABLE ALPHABÉTIQUE

DES PERSONNAGES REMARQUABLES DU NORD

Nom	Pages	Nom	Pages
Aoust (Eustache d')	9	Gosselin	39
Aoust (marquis d')	57	Gratry	61
Arnoux	36	Guilleminot	13
Barni	34	Lecoq (Félix)	38
Bart (Jean)	1	Lecoq (Henri)	37
Bologne (Jean de)	50	Leglay	34
Bra	54	Legrand	30
Brasseur	33	Leroy (Agathante)	36
Busbecq	28	Leroy (Aimé)	27
Calonne (de)	56	Leroy (Pierre)	26
Carpeaux	55	Lesurques	63
Commelin	29	Mallet	59
Commines (de)	21	Marsy	51
Coquelin	32	Masquelier (le jeune)	16
Corbineau (Hercule)	16	Masquelier (Louis)	17
Corbineau (Juvénal)	15	Merlin (Antoine)	15
Coussemaker (de)	32	Merlin (de Douai)	55
Decaux	14	Mortier	10
Defauconpret	25	Monnoyer	11
Defrémery	35	Panckouke (André)	23
Delsarte	56	Panckouke (Charles)	24
Desbordes-Valmore	25	Pater	11
Descamps	45	Prisse	39
Despinoy	9	Pujol (Abel de)	18
Dinaux	27	Rapheleng	29
Ducornet	19	Roland	52
Dumouriez	7	Scoutetten	37
Dupleix	5	Scrive	39
Elshoëcht	53	Tholozé	17
Faidherbe	67	Trigaut	61
Fernig (Félicité de)	65	Vaillant	19
Fernig (Théophile de)	65	Vandamme	12
Francheville	51	Watteau	12
Froissart	19	Welter	36
Gauthier de Lille	19	Wicar	17
Gilée	19		

EMILE COLIN. — Imprimerie de Lagny

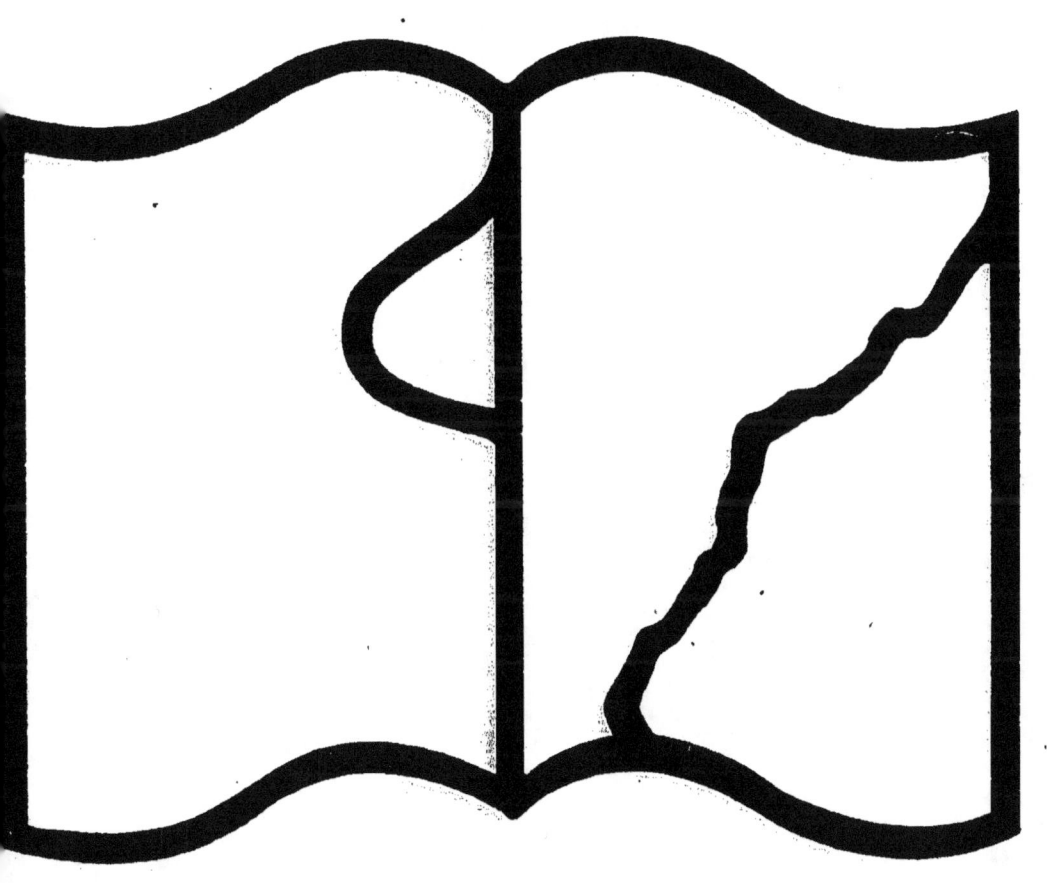

Texte détérioré — reliure défectueuse

NF Z 43-120-11